Principe gestuurde vaardigheidsontwikkeling

(Review copy for Marcel Proost)

Principe gestuurde vaardigheidsontwikkeling

in Traditionele Krijgskunsten

RUSS SMITH

Burinkan Martial Arts
Martial Forest LLC

Disclaimer
De auteur en uitgever van dit boek WIJZEN ELKE VERANTWOORDELIJKHEID AF voor enig letsel als gevolg van de technieken die in dit boek worden onderwezen. Lezers wordt aangeraden een arts te raadplegen over hun fysieke toestand voordat ze een zware training of gevaarlijke fysieke activiteit ondergaan. Dit boek beschrijft gevaarlijke technieken die ernstig lichamelijk letsel en zelfs de dood kunnen veroorzaken. Oefening en training vereisen een fitte en gezonde student en een gekwalificeerde instructeur.

Eerste editie: 02 januari 2023
©2023 Russ L. Smith

ISBN-13: 979-8-9873969-2-6
ISBN-10: 8-9873969-2-6

Alle rechten voorbehouden. Geen enkel deel van deze publicatie mag worden verveelvoudigd of gebruikt in welke vorm of op welke manier dan ook, elektronisch of mechanisch, inclusief fotokopiëren, opnemen, of door enig systeem voor het opslaan en ophalen van informatie, zonder voorafgaande schriftelijke toestemming van de uitgever.

Fotografie door: Fishbone Creative
Bewerkt door Mark V. Wiley
Interieurontwerp door: Summer Bonne
Omslagontwerp door: Alex Do en Summer Bonne

Inhoudsopgave

Vechtprincipes in Chinese stijl vii

Dankbetuigingen ix

Voorwoord xi

    Patrick McCarthy xi

    Marcus Davila xiv

    Fred Lohse xvi

Ch. 1 – Inleiding 1

    Dus, HOE implementeer je een "principe-gedreven" model? 6

    Stap 1 - Begrijp dat lesgeven communiceren is. 8

    Stap 2 - Identificeer de uitvoerbare principes en hun gerelateerde fysieke vaardigheden 11

    Stap 3 - Lesgeven is een vak. Benader het proces als een opvoeder. 12

    Stap 4 - Ontwikkel en pas het curriculum zodat er progressieve vaardigheidsontwikkeling gestimuleerd wordt. 15

    Gebruik van dit boek 16

    Waarschuwingen 17

Ch. 2 – Het fundament: Terminologie en Fundamentele Veronderstellingen 19

    De Realiteit –WatMartial Art IS 19

    Demythe -Wat eenMartial Art NIET is 20

    Het basisprincipe van zelfverdediging 21

    Vormen van controle 23

    Gebruik van het woord "geavanceerd/gevorderd" 26

    Fa/Xing/Gong – Een eenvoudig kadervoorbeeld 31

Ch. 3 – Fa (General Methods) 35
    Timing - Begrijp het "spel" 35
    Agressie is vereist; passiviteit zal uiteindelijk verliezen. 43
    Strek je technieken uit als dat nodig is 44
    Kijk naar voren - Breng alle "geweren" naar voren 47
    Dichtstbijzijnde wapen, dichtstbijzijnde doelwit 53
    Ga vooruit, verwijder obstakels 58
    Vul de lege ruimte 65
    Flankeren, positioneren en de *juiste* hand 70

Ch. 4 – Xing (De Hulpmiddelen) 85
    Drie poorten en drie segmenten 85
    Defensief – Drie poorten 87
    Aanvallend – Drie segmenten 92
    Handen achtervolgen handen niet 104
    Bedien twee met één 105
    Pas op voor twee op één 111
    Verdediger die twee-op-eenmanoeuvre toepast 111
    Omgaan me aanvallers twee op één 114
    Wapens on-line houden 118
    Overbruggingsprincipes/sleutelwoorden 123
    Aanmaken (添) 124
    Ontkoppelen (脫) 126
    Bewegen (行) 129
    Vasthouden (拘 / 扣) 133
    Kruis (過) 138
    Breken (斷) 143
    Blijven (粘) 149
    Overdracht (換) 152

Ch. 5 – Gong (De Kracht) 159
Vecht met het totale lichaam 160
Sterk vs zwak 166
Val de houding en/of balans van de tegenstander aan 176
Zoek het centrum 177
Twee drukpunten gebruiken 183
Verdedigen tegen twee drukpunten 187
Pas de vier bewegingsconcepten toe 192
Korte kracht 200
Wees de eerste om de energie te veranderen 213

Ch. 6 – Een onderwijsmodel voor progressieve vaardigheidsontwikkeling 219
Stap 1 - Individuele vaardigheidsontwikkeling (kennis) 220
Stap 2 - Gecombineerde vaardigheden met "selectie" (begrijpen) ... 222
Stap 3 - Platform/laboratorium in vrije vorm (overdracht) 226
Samenvatting van de trainingsprogressie 227
Niveau 1 – Vasthouden, Matchen, "Luisteren" 228
Niveau 2 - Doelselectie, Positie, Invoer 230
Niveau 3 - Omleiding, Neutralisatie, Bewustzijn 232
Niveau 4 - Om obstakels heen stromen, alternatieven 234
Niveau 5 - Variërende "vormen van controle" 236

Nawoord 239
Over de auteur 241
Interview met Dr. Mark Wiley 243
Bronnen / Referenties 247
Bijlage A – Boorbeelden van trefwoorden 251

武林館

Vechtprincipes in Chinese stijl

Begrijp de vormen van controle, zowel fysiek als mentaal, in alle tijden: na, tijdens en ervoor.

Ter verdediging moet je de drie poorten gebruiken om je centrum te beschermen en te voorkomen dat je er één met twee bestuurt. Beweeg met de kracht van je frame om de leegte te vullen.

Om het geavanceerde niveau te bereiken, moet je alle kansen in jouw voordeel stapelen en de wil van de tegenstander overmeesteren met die van jou.

In overtreding moet je korte macht uitdrukken, gebruikmakend van een verenigd lichaam. De handen zijn slechts het contactpunt.

Vul de dode momenten, en laat handen niet achter handen aangaan. Door ontspannen te blijven en je wapens paraat te houden, zal het dichtstbijzijnde wapen het dichtstbijzijnde doelwit vinden.

Als je de drie gewrichten onder de knie hebt, vloei je om obstakels heen, bestuur je er twee met één, druk je steeds naar voren en creëer je veilig een brug. Eenmaal verbonden, kunt u oversteken, breken, plakken, overbrengen, vasthouden, verplaatsen en loskoppelen naar uw wens.

Je moet de toepassing van sterk versus zwak begrijpen als je het centrum van je tegenstander zoekt en de juiste hand gebruikt om de vierde deur te openen.

Onthoud altijd dat het verzwakken van de structuur van je tegenstander zijn geest steelt.

© Russ Smith, Burinkan Dojo

Dankbetuigingen

Ik wil graag de volgende mensen erkennen en bedanken voor hun steun en aanmoediging door de jaren heen en tijdens de totstandkoming van dit boek:

- Mijn vrouw, Nicole, die mijn reizen naar het buitenland en door het hele land ondersteunde, en mijn vurige verlangen om avonden en weekenden te trainen en te studeren gedurende tientallen jaren. Ik wil haar in het bijzonder bedanken voor het openstellen van ons huis voor bezoekers en om ze zich welkom te laten voelen.

- Lin Weiguo (林卫国), die heeft geholpen om de diepte van hoogwaardige vechtsporten in Maleisië en Singapore in het Westen te introduceren. Ik dank hem dat hij me heeft geleerd wat een Chinees lesmodel kan zijn en hoe het ons ontwikkelingsproces van vaardigheden kan veranderen.

- Mark Wiley, die demonstreerde wat gedaan kan worden om een reeks tradities effectief over te brengen door de inhoud te herschikken en een duidelijker, progressiever instructiemodel te gebruiken. Bedankt voor je vriendschap en voor het vrijuit delen van je kennis van Eskrima en Ngo Cho Kun met mij.

- Marcus Davila, die voor het eerst zijn inzicht in Goju-ryu deelde, en me hielp opnieuw contact te maken met de kunst nadat ik wegdreef om te trainen in de 'neefkunsten'. Ik wil ook graag je coaching- en geduldige leervermogen erkennen, gecombineerd met je tactiele gevoeligheid en deskundige kennis van werpen en vergrendelen. Tot slot, bedankt dat je een geweldige trainingspartner en geweldige vriend bent. Zonder uw openheid om dit materiaal te onderzoeken en onder druk te testen op de dojo vloer, ook wel het "laboratorium" genoemd, zouden we niet zo'n duidelijk begrip hebben. De meeste echte, live-vaardigheden die ik heb ontwikkeld, worden rechtstreeks toegeschreven aan onze vele uren van druk testen.

- Kevin Halleran, die niet zomaar knikte bij mijn vele vroege beroepen op autoriteit. Voor het uitdagen van mij om mijn aannames en vooroordelen te evalueren en te documenteren. Bedankt voor de suggestie dat ik mijn 'westerse' geest en de rationele instrumenten van mijn beroep gebruik om de kunst beter te begrijpen en te onderwijzen. Bedankt voor onze lange vriendschap en je steun.

- Sensei Tony Madamba, die me een sterke basis heeft gegeven en ervoor heeft gezorgd dat ik het werk deed…"mo ichi do."
- Aan Sensei Kimo Wall, die me de kans gaf om de Shodokan-methoden te leren en een voorbeeld gaf van hoe je met traditie kunt omgaan.
- Aan Sensei Gakiya Yoshiaki, die de geest van Okinawa met mij deelde. Jouw op feiten gebaseerde, op druk en structuur geteste onderwijsaanpak is iets dat ik waardeer en doorgeef aan mijn studenten.
- Aan Sifu Simon Liu (雷龍春), die me vrijuit de eens verboden en zeldzame kunst van Pak Mei leerde.
- Aan Sifu Joshua Durham voor het assisteren bij de boekfoto's en toepassingsvoorbeelden.
- Aan Sensei Marcel Proost voor zijn inspanningen om deze vertaling voor alle Nederlandstaligen te maken.

En als laatste, maar daarom niet minder belangrijk, wil ik deze goede krijgskunstenaars bedanken voor hun hulp bij het begrijpen en vertalen van Chinese termen in hun bruikbare en correcte context:

- Sifu Dominic Lim
- Sensei Hing-Poon Chan
- Sifu David Wong
- Tory Ellarson
- Sifu Robert Chu
- Sifu Grant Brown

Voorwoord

Patrick McCarthy

Ik ben verheugd mijn naam aan het boek van Russ te mogen lenen, omdat het de resultaten van een belangrijke reis illustreert en documenteert.

Iedereen die bekend is met mijn werk weet dat ik een passie heb voor de traditionele vechtkunsten, maar ik prefereer functionaliteit boven lege rituelen. Ik denk dat Matsuo Basho/松尾芭蕉 [1644-1694] de traditie mooi samenvatte toen hij schreef: *"Probeer niet [blind] in de voetsporen te treden van de mannen van weleer, maar blijf liever zoeken naar wat ze zochten."* Dit boek van Russ Smith identificeert en beschrijft talrijke toepassingsprincipes van alle mogelijke voorlopers van Goju-ryu. Het belangrijkste is dat het in extreem detail de goed bewaarde geheimen bespreekt die door sommigen bekend zijn en waar de vroege Okinawa Karate-pioniers, die geïnteresseerd waren in de gerespecteerde vechtkunsten van Fuzhou, ijverig naar op zoek waren.

Zelfs Miyagi Chojun's perspectief op het onderwerp (gedocumenteerd door Nakaima Genkai) van de mysteries van de kunst die hem zijn overhandigd door zijn leraar, Higashionna Kanryo, wijst op een gebrek aan begrip in de overdracht van de traditie:

"Het bestuderen van karate is tegenwoordig als wandelen in het donker zonder lantaarn. We moeten onze weg tasten in het donker. Er zijn zoveel dingen in karate die niet kloppen en er zijn veel dingen die ik niet kan begrijpen. Daarom, terwijl onze grootmeesters nog in leven zijn, moeten we ze zien en veel vragen stellen. Ik denk dat het nog steeds erg moeilijk is om de antwoorden te vinden, zelfs als we dat hebben gedaan."

De auteur en ik corresponderen sinds het begin van de jaren 90. Russ had het geluk om in een klein stadje te wonen dat regelmatig bezocht werd door een van mijn vroege studenten en beste, levenslange vrienden... Coach Ron Beer. Ik kreeg de kans om enkele zeldzame trainingspraktijken te leren en ze aan Ron te leren. De interesse van Russ werd gewekt door de aard van mijn onderzoek, en hij begon me te schrijven met vragen over de geschiedenis van Goju-ryu en de voorouderlijke Chinese invloeden die zijn praktijk vormden.

Ik deelde openlijk met hem wat ik kon en Russ vervolgde zijn reis om de wortels van Goju-ryu beter te begrijpen, zowel in Okinawa als elders.

In de daaropvolgende jaren bleef Russ diep graven in zijn studie van Okinawa Gojuryu en uiteindelijk brachten zijn bezigheden hem ertoe om door de VS, Maleisië, Singapore, de Filippijnen en Okinawa te reizen, allemaal om de vechtconcepten beter te begrijpen en de kunst bij de bron te bestuderen .

Naast de belangrijkste traditie, Goju Ryu, bracht zijn reis hem ook in contact met verschillende zuidelijke Chinese disciplines [d.w.z. verschillende scholen van White Crane, Five Ancestor Boxing, Grand Ancestor en White Eyebrow, enz.], die de vroege pioniers van Okinawa waarschijnlijk ontmoetten.

Wat Russ in dit boek heeft gedaan, is om tientallen toepassingsprincipes en -praktijken uit de in het zuiden gebaseerde Chinese vechtkunsten te bieden, waaronder die welke hoogstwaarschijnlijk het Okinawaanse karate en Goju Ryu specifiek hebben beïnvloed, en ze niet alleen toegankelijk hebben gemaakt, maar vooral gemaakt ze uitvoerbaar. Dit werk wordt ondersteund door een theoretisch uitgangspunt dat ik in 1993 naar voren heb gebracht, waarin ik suggereerde dat kata oorspronkelijk nooit bedoeld waren om iets te leren, maar eerder de lessen waren die al werden gegeven in oefeningen voor twee personen (Habitual Acts of Physical Violence (HAPV)- Theorie). Veel van deze principes worden streng bewaakt in de traditis van Fuzhou. Ze zijn ofwel overdreven samengevat als 'trefwoorden' of versluierd in gedichten. In het werk dat voor u ligt, worden ze echter gecatalogiseerd en gepresenteerd in een logische volgorde met talrijke voorbeelden.

De principes die hier worden gepresenteerd, kunnen elke beoefenaar helpen om hun training voor twee personen te verbeteren. Ze fungeren als een checklist, waardoor zowel de student als de docent gemakkelijk kunnen bepalen welk(e) principe(en) mogelijk ontbreken in een mislukte aanvraag. Door dit te doen, biedt de mogelijkheid om de trainingspraktijk opnieuw te versterken met het juiste begrip en de juiste aanpassingen een pad om waardevolle functionele vaardigheden te ontwikkelen tegen de meest voorkomende HAPV.

Hoewel ze voornamelijk worden onderzocht door de lens van Goju-ryu, zijn dergelijke principes, in combinatie met het unieke gepresenteerde pad, essentieel voor zowel de beoefenaar als de instructeur als herinnering aan de aspecten die nodig zijn voor een succesvolle toepassing. De meeste van dergelijke principes zijn zeer complementair binnen Goju-ryu, maar ze zijn universeel van aard. Zoals alle goede ideeën, is hun bruikbaarheid breed en hun toepassingswaarde onmetelijk.

Ik beveel dit boek ten zeerste aan, niet alleen vanwege de referentiewaarde in toepassingsprincipes en praktijken, maar ook vanwege de unieke structuur rond lesmodellen die de op principes gebaseerde vaardigheden ondersteunen, die centraal staan in Okinawa-karate in het algemeen en Goju Ryu in het bijzonder.

Tot slot moet ik denken aan iets wat Miyagi Chojun zei op de "Meeting of the Okinawa Masters" in 1936: *"Ze zeggen dat karate twee afzonderlijke stromingen heeft: Shorin-ryu en Shorei-ryu, maar er is geen duidelijk bewijs dat dit ondersteunt of ontkent. Als ik gedwongen zou worden om de verschillen tussen deze stromingen te onderscheiden, dan zou ik moeten zeggen dat het alleen lesmethoden zijn die hen verdelen."*

Ik geloof dat het werk van deze jonge meester zeker een dergelijk geloof ondersteunt en voorbestemd is om een "go-to" referentie te worden voor alle beoefenaars van de traditionele vechtkunsten, ongeacht de stijl.

Patrick McCarthy
マカシー　パトリック
Hanshi 9th Dan
範士九段
Australian Black Belt Hall of Fame 2000
Canadian Black Belt Hall of Fame 2012

Marcus Davila

Hoewel we niet precies weten wanneer of waar gevechtskunsten voor het eerst zijn begonnen, dient de geschiedenis van de mensheid als bewijs dat er altijd behoefte is geweest aan een civiel en krijgshaftig beschermingsmiddel. Hoewel de nuances en semantiek van de krijgstradities van elke generatie misschien niet volledig worden begrepen zonder enig verlies van hun oorspronkelijke en beoogde betekenis, dienen ze als een instrumentele methode om de wijsheden van ontdekking en bestaan vast te leggen, te bewaren en over te brengen.

Het is bekend dat tradities zich in de loop van de tijd vormen en evolueren vanuit een samensmelting van culturele en interculturele oorsprong en bronnen. De overdracht van hun essentie wordt uiteindelijk afhankelijk van de percepties, voorkeuren, bekwaamheden en intenties van hun promotors. Naarmate elke generatie verder afdwaalt van de oorsprong van de overtuigingen en methoden van hun voorganger, wordt het belangrijk om de motieven waarvoor ze zijn gemaakt te onderzoeken en vervolgens de fundamenten te onderbouwen waarop ze worden gevolgd en doorgegeven.

De authenticiteit van krijgskunst, samen met zijn tradities en afstammingslijnen, zal altijd onderhevig zijn aan speculatie en twist vanwege de vage en gefragmenteerde aspecten van zijn verleden. Het is belangrijk om te erkennen dat de intrinsieke aard van gewoonten is om te veranderen en aan te passen door de invloeden, middelen en omstandigheden van de omgeving, het tijdperk en de technologie. Als we door de inconsistentie van het verleden willen gaan, moeten we de ware essentie en erfenis van krijgskunst in overweging nemen, hun tradities en afstammingslijnen worden gevonden en gemanifesteerd door de onderliggende wijsheden van hun leringen, die de attributen of interpretaties van wie dan ook overstijgen. generatie of oorzaak.

Zonder doelbewuste middelen voor het identificeren, definiëren en ontwikkelen van op principes gebaseerde methoden die de voortgang en bekwaamheid van vaardigheden effectief demonstreren, toepassen en evalueren, worden we afhankelijk van de verhalen en ervaringen van anderen. De begeleiding van mentoren speelt een integrale rol in de voortgang van elk leer- en onderwijsproces.

Als we verder willen gaan dan leren en onderwijzen door de herhaling van imitatie, de opvattingen van populaire consensus, de grenzen van institutionele autoriteit en persoonlijke agenda's, moeten we in staat zijn om voorbij de obstakels van onze verschillen te gaan door de verdienste en versmelting van aantoonbare pragmatische oplossingen.

Met grote bewondering introduceer ik het onderzoek en de ontdekking van een fervent en bedreven beoefenaar van de vechtsporten. Op de volgende pagina's presenteert Russ Smith een inzichtelijk, intrigerend overzicht van de Okinawaanse Goju-Ryu Karate-stijl vanuit het perspectief van zijn Chinese invloeden. Elk hoofdstuk bevat een uitzonderlijke index en een reeks vormende concepten voor op principes gebaseerde onderwijs- en trainingsmodellen, en dient als een nuttige gids om methoden voor de voortgang van leren en onderwijzen op elkaar af te stemmen en te onderbouwen.

Ik juich de creatie en het perspectief van deze boeiende en informatieve compositie toe en verwacht dat het positieve en blijvende effecten zal uitlokken op de toekomst van hoe de leefregels van het Okinawaanse Goju-Ryu Karate en hun burgerlijke en krijgsstrategieën en tactieken worden bekeken, ongeacht stijl, afkomst of verbondenheid. Ik geloof echt dat de concepten die in dit boek worden gepresenteerd, zullen dienen als een inspiratie die het pad verlicht voor de prestaties van anderen. Tot slot wil ik mijn oprechte dank uitspreken voor de tijd die Russ en ik op de vloer hebben doorgebracht om de reis als vrienden, studenten en docenten te delen. Ik geloof dat de beste dagen van onze training nog moeten komen.

Sensei Marcus Davila
Kokonden Goju-Ryu Karate
Dade City, Florida USA

Fred Lohse

Ik herinner me een seminar, jaren geleden, in Zuid-Japan. De sensei had een uitstekende reputatie en een uitstekende afstamming. De training was echter zwaar en omvatte duizenden herhalingen van de basis, kata, arm en leg pounding, wat een werk! We eindigden moe en pijnlijk. Later toen hem werd gevraagd: "Wat heb je geleerd?" Ik moest eerlijk antwoorden: "Niets. We hebben gewoon het hele weekend hard gewerkt." Krijgskunst is hard werken, dus dat is op zich niet slecht. Maar dat weekend was verspild, tenzij ik gewoon op zoek was naar een training. Wat we het hele weekend niet hebben gedaan, was alles wat ons zou helpen om onszelf te verbeteren nadat het weekend voorbij was, en alles dat duidelijk de principes van ons karate demonstreerde en hoe we het in onszelf konden ontwikkelen.

"Principes"…Is ook weer zo een modewoord in de krijgskunst. Je hoort het tegenwoordig veel. Principegerichte oefening, principes van gevechten, principes van beweging, enzovoort. De meeste systemen zijn inderdaad gebaseerd op specifieke principes. Veel goede leraren kunnen je vertellen wat ze zijn. In Okinawaanse en Japanse karatekringen worden principes echter vaak genegeerd of lippendienst bewezen. Principes worden in plaats daarvan vervangen door het idee van geopenbaarde kennis: men moet "de kata trainen totdat de kata jou traint". Het idee is dat je door eindeloze herhaling het systeem op de een of andere manier ingesleten krijgt zonder het te beseffen. Maar afgezien van het feit dat het tientallen jaren lijkt te duren om het te "begrijpen", is een grote fout in dit model de introductie van ruis. Als een leraar een belangrijk principe van het systeem in de herhalingen mist, zal de student het nooit begrijpen en zelfs niet weten dat het ontbreekt. De herhalingen zullen gewoon de gebreken samen met het goede materiaal aantasten. Dus, wat kan men daaraan doen?

Sensei Russ Smith heeft de principes gebruikt die in zijn praktijk zijn ingebed en heeft een trainingsmodel ontwikkeld dat zowel de praktijk op fouten kan controleren als de gewenste principes bij de student kan inbrengen. Dit is niet alleen een persoonlijke kijk op training en onderwijs. Het is gebaseerd op het gebruik van direct overgedragen (d.w.z. duidelijk onderwezen) principes die in sommige Zuid-Chinese krijgskunsten worden aangetroffen.

Het maakt ook gebruik van enkele van de meer moderne, pedagogische benaderingen, zoals het idee dat 'de beste beoefenaar de beste leraar moet zijn', waar veel vechtsportkringen veel baat bij zouden hebben.

Alles bij elkaar genomen, blijken deze ideeën complementair te zijn en dagen ze iedereen uit die denkt dat elke verandering in de krijgskunstwereld een stap terug is.

De ideeën van Sensei Russ Smith lijken me behoorlijk solide. Geef de leerlingen de tools om zichzelf te corrigeren en te sturen. Ga van memoriseren naar functie. Doe het in minder tijd en met minder lawaai. Natuurlijk is herhaling en veel hard werken nodig, maar in plaats van te wachten tot de ideeën zich in de praktijk openbaren, wordt de praktijk gebruikt om met de ideeën te werken. Het zorgt voor een robuustere trainingsomgeving, ook al neemt het een deel van de mystiek weg van de leraar. En, spoiler alert: het is ook leuker.

Ik ben blij te zien dat Russ sensei heeft besloten dit boek samen te stellen. Ik denk dat zowel ervaren als beginnende krijgskunstenaars ervan zullen genieten en zullen ontdekken dat wat experimenteren met deze ideeën een positief effect zal hebben op hun kunst. Het staat voor vele uren hard werken en experimenteren, het distilleren van wat hij heeft geleerd en werken aan de beste manier om die kennis door te geven. Het is bijzonder dat hij het deelt, want niet iedereen wil het beste van zichzelf geven aan het publiek! Genieten ervan.

Sensei Fred Lohse
Hoofdinstructeur – Boston Kodokan

Inleiding

In mijn ervaring met trainen, studeren en onderwijzen van Okinawa Goju-ryu karate, ben ik een aanzienlijk aantal studenten en leraren tegengekomen die veel van mijn zorgen deelden over de lesmodellen die vaak worden gebruikt om de inhoud van deze traditie te presenteren.

Het is vrij gebruikelijk dat het curriculum van karate, ongeacht de specifieke *stijl*, wordt onderwezen in drie segmenten:

- *Kihon*: Fundamentele bewegingen, zowel aanvallend als verdedigend van aard, en doorgaans solo beoefend,

- *Kata*: Vooraf gearrangeerde sequenties, zowel solo als partner- gebaseerd (zoals in bunkai-kumite, kiso kumite, sandan gi en yakusoku kumite), en

- *Kumite*: Schijn- of oefengevechten, die vaak een kickboksmodel volgen, waarbij de primaire technieken vaak dramatisch verschillen in vorm, uitvoering en combinatie dan de *kihon*- en *kata*-bewegingen.

Hoewel het volkomen rationeel is om iemands training in afzonderlijke categorieën te begrijpen, is het ongebruikelijk dat deze drie vormen van training in de praktijk *slechts enigszins* overlappen.

In dit gemeenschappelijke model is de analyse en het onderzoek van kata (genaamd bunkai / 分解) een aanvullende activiteit, wat resulteert in reverse-engineered zelfverdediging toepassingen

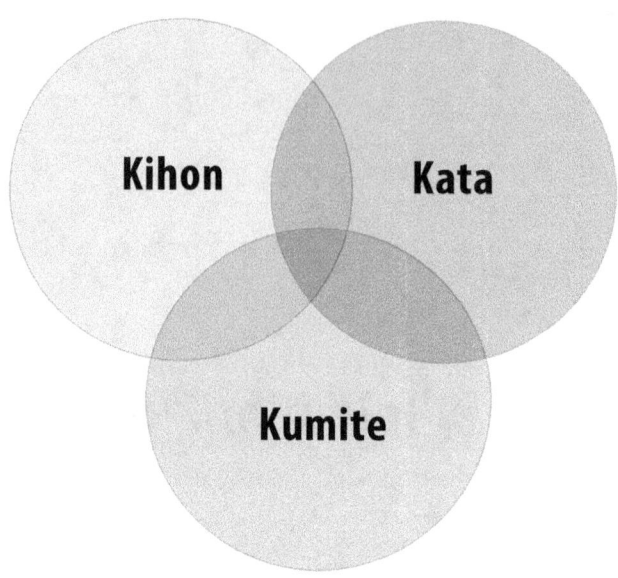

Venndiagram van de drie vormen van training van Karate

(oyo / 応用 / "eenmalige"[1]) of toepassingen "geleend" van andere stijlen die probeerden de oorspronkelijke betekenis of context van de vooraf gearrangeerde solo kata aan te halen.

Met deze mengelmoes benadering gaan veel beoefenaars aannemen dat er een lijst met regels moet zijn voor het begrijpen en toepassen van kata ... een 'steen van Rosetta' van soorten die helpt het mysterie van de oyo die erin zit te ontsluiten.

Het is naar mijn ervaring dat dit model (kihon, kata, kumite, oyo) veel beoefenaars van oude krijgstradities op de een of andere manier gefrustreerd heeft achtergelaten, omdat ze met tal van vragen blijven zitten:

- Waarom worden de kihon-bewegingen niet goed of helemaal niet weergegeven in de kumite?
- Hoe leidt een gememoriseerde, vooraf gearrangeerde partner kata tot toepasbare vaardigheden?
- Geeft het kickboksmodel mij de vaardigheden om mijn kihon- en kata-bewegingen toe te passen in de juiste context, en wanneer dit het meest nodig is?

---

1 "Eenmalige" - een unieke situationele respons op een bepaalde context en stimulus. Bijvoorbeeld: "Als iemand me vastpakt met grip [X] en zijn linkerbeen naar voren is, begint mijn rechterhand in [Y] houding en zal ik de techniek oefenen [Z]".

- Hoe zal ik in staat zijn om de meer unieke bewegingen en combinaties die alleen in de solo kata te zien zijn, te gebruiken in een "toepasbare" methode die consistent is met de kernprincipes en voorkeuren van de stijl?
- Waarom lijken zoveel van de "Oyo Bunkai" die ik zie irrationeel, riskant, eenmalig of in strijd met de ideeën die in de stijl ten grondslag liggen?
- Waarom falen veel van de "Oyo Bunkai" die ik heb geleerd, bij een meer realistische snelheid, druk en bereik, en/of laten ze me gevaarlijk openstaan voor een tegenaanval?
- Hoe zal ik er zeker van zijn dat ik de lessen gecodificeerd in de katabewegingen kan leren en toepassen?

Omdat ik veel van dezelfde zorgen en vragen deelde en omdat ik me bewust was van de historische verbanden tussen Okinawa Karate 2 (Goju-ryu in het bijzonder) en vechtkunsten in en rond Fuzhou in de provincie Fujian in China, onderzocht ik de trainingsvormen in diverse stijlen die de vorming van de stijl beïnvloed hebben. Ik deed dit in de hoop een beter begrip te krijgen van de lesmethoden en trainingsmodellen die door deze stijlen worden gebruikt om hun vaardigheidsontwikkeling en toepassingspraktijken te beïnvloeden.

Wat ik in veel gevallen vond, was een duidelijker gedefinieerde reeks "principes" die de vechtconcepten van de kunst beschrijven. Ik ontdekte ook dat ze alternatieve lesmethoden aanboden om studenten te helpen hun kunst consequenter toe te passen, hun vormen te gebruiken in de context waarin ze (waarschijnlijk) oorspronkelijk bedoeld waren, en om sneller 'levende' vaardigheden te helpen ontwikkelen.

---

2 Vooral vanwege de vroege geschriften van Patrick McCarthy, Mark Bishop, John Sells, enz.
3 Zie "Over de auteur" voor meer informatie.

Chinese kunsten hebben lange gedichten en boeken om de grondgedachte achter hun trainingsmethoden en vechttheorie te beschrijven, zelfs als ze diep gecodeerd zijn. De meest bekende voorbeeld om invloed te hebben in Okinawa is de generaal Tian Bubishi, vertaald en algemeen beschikbaar gesteld door Sensei Patrick McCarthy.

Sensei Patrick McCarthy met een kopie van de *General Tian Bubishi*

Terwijl we de *principes* uitvoerig bespreken, is het belangrijk om eerst te begrijpen dat onze werkdefinitie van het woord *principe* een overkoepelende term is voor alle volgende woorden:

- Strategie
- Concept
- Principe
- Theorie
- Richtlijn
- Tactiek
- Voorschrift
- Maxim
- Regel
- Voorkeur
- Trefwoord
- Vermaning

Een veelheid aan vechtkunsten heeft zich ontwikkeld, zowel onafhankelijk als door innoveren over de hele wereld en in de menselijke geschiedenis. In tegenstelling tot wapens zijn ongewapende krijgskunsten (door hun aard) niet geëvolueerd via een 'wapenwedloop' met wapens en bepantsering, maar hebben zich in plaats daarvan ontwikkeld als variaties via een aantal voorkeuren en tactieken voor het gebruik van het menselijke lichaam als vechtmachine evenals een enorme hoeveelheid variatie in hun lesmethoden.

De principes die in dit boek worden besproken, evenals de bijbehorende voorbeelden, berusten op een reeks onderliggende vooroordelen en veronderstellingen die spreken over het begrip en de voorkeur van de auteur rond de toepassing van één vechtkunst, Okinawa Goju-ryu Karate, dat door de auteur wordt beschouwd als een clinch afstand (clinch-range), staande worstelende , stoot en slag kunst.

Hoewel veel van de in dit boek genoemde principes van toepassing zijn op andere vechtkunsten, zullen ze niet in elke martiale kunst evenzeer van toepassing zijn.

Als je Goju-ryu primair toepast als een kunst van stoten en slaan, dan zal een deel van wat wordt gepresenteerd misschien niet zo goed resoneren met je trainingsparadigma. Dat is volkomen acceptabel, aangezien dit model niet het enige bruikbare model is om deze kunst of andere martiale kunsten te begrijpen. De echte waarde van deze benadering is dat het een bruikbaar model biedt voor het schetsen van een reeks doelen (principes), suggereert hun consistent gebruik, en de nadruk legt op beoefening van toepasbare vaardigheidsontwikkeling boven de beoefening van vooraf bepaalde routines die gememoriseerd worden.

Alleen het begrijpen van een reeks principes is geen garantie voor oplossingen voor alle bovengenoemde problemen; het hebben van consistente definities en duidelijke doelen en richtlijnen kan echter helpen bij het ontwikkelen van tal van vaardigheden bij de beoefenaar, zoals de volgende:

- Het vermogen om te begrijpen wat technieken zowel efficiënt als effectief maakt bij de toepassing
- Het vermogen om te begrijpen welke elementen van werkzaamheid en effectiviteit ontbreken in een mislukte toepassing
- Het vermogen om de waarde voor vaardigheidsontwikkeling van een bepaalde trainingsoefening duidelijk te definiëren

- Het vermogen om bewezen technieken voor curriculumontwikkeling te gebruiken, zoals "achterwaartse planning[4]", om ervoor te zorgen dat een curriculum progressief is in het aanleren van vaardigheden.
- Het vermogen om onbekende technieken en applicaties uit andere krijgstradities gemakkelijker te begrijpen en te relateren aan algemeen begrepen principes
- Het vermogen om fouten in het trainingsprogramma te corrigeren, het te hervormen van 'geheugen gebaseerd' naar 'vaardigheids gebaseerd' en van onnodige herhaling naar progressieve vaardigheidsopbouw

De hoogste waarde van het gebruik van een principes-eerst-benadering bij training en lesgeven is het doel van echte vaardigheidsontwikkeling te ondersteunen.

Dus, HOE implementeer je een "principe-gedreven" model?

Zelfs als je merkt dat je jezelf niet persoonlijk herkent in de besproken problemen of de onbeantwoorde vragen en zorgen die veel traditionele krijgskunstenaars delen, kunnen enkele van de potentiële voordelen van de principe-gedreven aanpak, zoals foutdetectie en correctie, nog steeds aantrekkelijk voor u klinken. Hoe dan ook, de volgende vraag die moet worden beantwoord, is: "Als een op principes gebaseerde benadering zo nuttig is, hoe kan men dan het beste gebruik maken van principes bij het trainen en onderwijzen?"

Er zijn verschillende belangrijke stappen om een op principes gebaseerde, vaardigheidsgerichte benadering in uw lesgeven te implementeren:

1. Het is belangrijk om te begrijpen dat lesgeven communiceren IS, en dat het een communicatiesegment omvat met zijn eigen gemeenschappelijke uitdagingen. Als zodanig is terminologie van cruciaal belang. U moet een consistent lexicon ontwikkelen en gebruiken om A) uw eigen denk- en planningsprocessen te ondersteunen en B) duidelijke, beknopte en effectieve communicatie met studenten mogelijk te maken.

---

4 Achterwaartse planning is een methode voor het ontwikkelen van een curriculum door doelen te verduidelijken voordat instructiemethoden en testmethoden worden geselecteerd of ontwikkeld.)

2. Het is belangrijk om de principes te identificeren die de voorkeuren van uw stijl vertegenwoordigen en de fysieke vaardigheden te identificeren die deze principes ondersteunen. Duidelijk identificeren van vaardigheden die de principe-gestuurde benadering van uw stijl ondersteunen, stelt u in staat om een curriculum te maken en aan te passen om de ontwikkeling van principe-gerelateerde vaardigheden te ondersteunen.

3. Het is van cruciaal belang om te beseffen dat ONDERWIJS een beroep is met gerelateerde vaardigheden en doelen, die verschillen van die van een beoefenaar. Het is belangrijk als leraar om duidelijk te zijn dat onze doelen bij het onderwijzen van vechtkunsten het idee moeten omvatten dat het ontwikkelen van toepasbare vaardigheden bij onze studenten een hogere prioriteit heeft dan het trainen van het geheugen van onze studenten. Het is ook belangrijk om in gedachten te houden dat studenten informatie in een progressief proces leren toepassen. Studenten leren eerst discrete componenten van informatie, begrijpen vervolgens hoe die vaardigheden in een bredere context past en leren ten slotte door hun kennis buiten vooraf gedefinieerde oefeningen toe te passen. Even belangrijk is dat leraren een heel duidelijk beeld moeten hebben van de doelen die ze voor hun studenten stellen, en vervolgens manieren moeten ontwikkelen om de voortgang van de student af te meten aan die doelen. Pas als deze twee activiteiten zijn voltooid, moet de docent zich inspannen om de oefeningen en lesplannen te ontwikkelen die de leerlingen voor het eerst zullen tegenkomen. Leraren zouden deze "achterwaartse planning" -benadering moeten gebruiken om ervoor te zorgen dat hun lesmethoden daadwerkelijk progressieve vaardigheidsopbouw ondersteunen.

4. Leraren moeten werken aan de ontwikkeling en wijziging van hun onderwijscurriculum, zodat het de progressieve ontwikkeling van vaardigheden ondersteunt. Eerst studenten toestaan om discrete eenheden van nuttige "kennis" op te doen die nodig zijn om vooruitgang te boeken. Vervolgens moeten docenten trainingsmethoden ontwikkelen om studenten het nut van hun discrete vaardigheden in een grotere context te laten begrijpen ... waar en hoe die methoden nuttig zijn bij zelfverdediging, terwijl ze studenten ook begeleiden om nuttige vaardigheden in die context te combineren en te koppelen. Bovendien moet de docent een omgeving en platform bieden die de student in staat stelt om zowel wat ze weten te 'testen' als te kunnen experimenteren met het toepassen van hun kunst in situaties die niet voorzien in vooraf gedefinieerde lessen.

Laten we dit proces wat gedetailleerder bespreken.

Stap 1 - Begrijp dat lesgeven communiceren is.

Gedeelde terminologie is de basis van effectieve communicatie. Lesgeven is een vrij unieke vorm van communicatie, waarbij **de leraar** de last draagt om de student te bereiken met zijn les. **De leraar is de enige persoon in de relatie die kan bepalen of het bericht goed en echt is ontvangen.**

Deze benadering kan worden gezien als in strijd met het oude confucianistische model dat de last van de leerkracht voor succes grotendeels aan de leerling overdraagt; een model dat in de eerste plaats de meest begaafde en / of gemotiveerde leerlingen ondersteunt.

> 举一隅, 不以三隅反, 则不复也
>
> "Elke waarheid heeft vier hoeken.
> Als leraar geef ik je een hoek, en het is aan jou om de andere drie te vinden."
>
> Confucius

Het confucianistische model is waardevol omdat het geen ondersteuning biedt voor ongemotiveerde studenten die vertroeteld willen worden. Het is echter misschien *het minst* geschikt wanneer het wordt toegepast op het onderwijzen van vechtkunsten, omdat het vermogen van een student om een les snel en volledig te begrijpen, het verschil kan betekenen tussen leven en dood.

Omdat er zo veel op het spel staat bij deze vorm van communicatie, is het belangrijk om goed en volledig te communiceren. Om zowel efficiënt als effectief te zijn in communicatie, moet terminologie duidelijk, beknopt en consistent zijn, en moet jargon kritisch worden onderzocht op bruikbaarheid.

Terminologie moet duidelijk, beknopt en consistent zijn.

Duidelijkheid is belangrijk omdat duidelijke communicatie zowel *effectiviteit* als *efficiëntie* ondersteunt, wat nuttige doelen zijn in elke leeromgeving.

De meest *effectieve* communicatie zorgt voor een onmiddellijk gedeeld begrip tussen de leraar en de student. Als de communicatie duidelijk is, kan de docent het volgende vaststellen:

- Meer onmiddellijk vertrouwen hebben dat de leerling de les / boodschap heeft ontvangen.
- Gemakkelijker fouten van leerlingen of misverstanden opsporen en corrigeren.

Efficiënte communicatie is ook *beknopt*. Als de communicatie niet beknopt is, nemen bespreking, foutdetectie en correctie een groter deel van de trainingstijd in beslag en zal de student waarschijnlijk belemmeren in het oefenen dat leidt tot vaardigheidsontwikkeling en het toetsen van het gepresenteerde lesmateriaal.

Bij een fysieke activiteit, zoals vechtkunsten, is het belangrijk om de fysieke oefentijd te maximaliseren. Solo oefenen voor beginners en partner gebasseerd voor alle andere vaardigheidsniveaus zorgt voor echte vaardigheidsontwikkeling als een primair doel van de student en de leraar. Naarmate de *efficiëntie* toeneemt, zijn leraar en student in staat om de constante en moeizame focus op de ware betekenis van de communicatie te vermijden, evenals de foutcorrectie die moet worden uitgevoerd nadat een misverstand is ontdekt.

Consistentie voegt ook een enorme waarde toe aan het onderwijsproces, omdat het verschillende valkuilen in communicatie helpt vermijden. Het is helaas heel normaal dat mensen één woord gebruiken om veel dingen te bedoelen. Als docenten deze veelgemaakte fout maken, moeten de leerlingen de ware betekenis van het woord raden, waarbij ze aannames doen op basis van de context van het woordgebruik. Dit dubbelzinnige gebruik van terminologie kan de student op een ondoelmatig pad leiden in zijn praktijk, dat vervolgens moet worden geïdentificeerd en gecorrigeerd, nadat het al verkeerd in zijn lichaam is ingebakken.

Evenzo kan een leraar veel woorden gebruiken om één ding te beschrijven. Door meerdere termen voor hetzelfde concept of dezelfde vaardigheid te gebruiken, vragen studenten zich vaak af of er informatie is die ze hebben gemist of details die niet voor hen beschikbaar zijn, telkens wanneer een nieuw woord wordt gebruikt om iets te beschrijven dat al bekend is onder een andere term.

Het is heel gebruikelijk dat aanhangers van vechtkunsten verschillende woorden gebruiken om naar hetzelfde te verwijzen. Hier is een voorbeeld van het door elkaar gebruiken van woorden om naar hetzelfde concept te verwijzen: *systeem, stijl, methode, techniek en toepassing*. Het ontbreken van een consistent lexicon is een van de oorzaken van een gebrek aan eenheid tussen de beoefenaars in dezelfde krijgskunst. Het wordt verder versterkt wanneer beoefenaars van andere vechtkunsten worden benaderd.

Een schijnbaar "simpele" fout bij de woordkeuze kan een student mogelijk een extra jaar in hun opleiding en vaardigheidsontwikkeling kosten wanneer onjuiste opleidings- en herscholingsinspanningen worden meegerekend en opgeteld. Sta eens stil bij de trainingswaarde van een beter begrip van de Japanse term *uke*, wat "ontvangen" betekent wanneer de simplistische—-Nederlandse vertaling van 'blok' moet worden gebruikt.

Vervang jargon met eenvoudig Nederlands. "Bloemrijke" taal kan worden toegevoegd (later) om ideeën vast te leggen of historische context en smaak te geven.

Elk specifiek jargon dat wordt gebruikt, moet worden geëvalueerd om te bepalen of het absoluut noodzakelijk is of dat eenvoudige Nederlandse termen beter geschikt zijn voor onmiddellijk en eerste begrip. Beginnende studenten die vechtkunsten leren, worden gemakkelijk geïntimideerd door het leren van een fysieke activiteit in combinatie met een nieuwe taal. Alles wat kan worden gedaan om het leren van een student te stroomlijnen, moet door de instructeur worden overwogen om duidelijke en beknopte communicatie mogelijk te maken.

Omdat lesgeven zo'n cruciale vorm van communicatie is, vooral wanneer de inhoud het leven van de student red, gebruik alleen bloemrijke taal of ander jargon bij het lesgeven aan *halfgevorderde en gevorderde studenten.*

Deze meer obscure, esoterische of poëtische vorm van communicatie kan effectief zijn om extra details, smaak en gradatie te geven aan concepten die al door studenten worden begrepen, en kan nuttig zijn bij het uitleggen van nuttige en subtiele verfijningen van basisvaardigheden.

We zijn het onze studenten verplicht om duidelijk, beknopt en consistent te communiceren om hen te helpen efficiënt en effectief te leren. Het gebruik van één woord om veel dingen te betekenen of veel woorden om één ding te beschrijven, zal alleen maar afbreuk doen aan het vermogen van een leerling om de betekenis van een leraar de eerste keer te onderscheiden. Op het gebied van vechtkunsten leiden misverstanden gemakkelijk tot verwondingen van een of meer studenten tijdens de training of uiteindelijk tot een belemmering van het vermogen om hun vaardigheden toe te passen op straat, waar de inzet het hoogst is.

Stap 2 - Identificeer de uitvoerbare principes en hun gerelateerde fysieke vaardigheden.

Door vaardigheden te identificeren die de principe-gestuurde benadering van uw stijl ondersteunen, kunt u een curriculum maken en aanpassen dat de ontwikkeling van die vaardigheden echt ondersteunt. Het stelt de beoefenaar in staat de *principes* toe te passen die de doelstellingen en voorkeuren van de kunst ondersteunen.

Het is belangrijk om in gedachten te houden dat *theorie* en *voorbeeld* niet efficiënt afzonderlijk worden onderwezen of toegepast. Toepassingen kunnen worden beschouwd als *voorbeelden* van oplossingen voor een probleem, terwijl *principes* de grondgedachte bepalen achter de keuze van de ene mogelijke oplossing boven de andere. Anders gezegd, applicaties zijn *voorbeelden* van een of meer *principes*, en principes verklaren de factoren die de applicatie waarschijnlijk succesvol zullen maken.

Bij het onderwijzen van een principe kan een leraar duizend toepassingsvoorbeelden maken, en bij het onderzoeken van toepassingen hoeven de leraar en de leerling alleen naar hun lijst met principes te kijken om te begrijpen waarom het geslaagd of mislukt is.

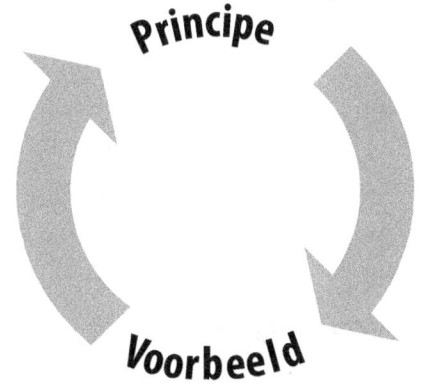

Theorie/Voorbeeld Loop

Vanwege deze relatie tussen het echte (voorbeeld) en het ideale (principe), is het belangrijk om het volgende te doen: 1) Ken je principes; 2) ze kunnen verwoorden en demonstreren; en 3) Vaardigheden ontwikkelen waardoor deze principes breder toepasbaar worden, zodat ze niet louter "eenmalig" worden in uw gereedschapskist.

Laten we een voorbeeld nemen dat veel voorkomt in vechtkunsten: "naar buiten bewegen". Verhuizen naar de buitenkant heeft vaak de voorkeur omdat het *flankeren* vertegenwoordigt, en flankeren is gunstig omdat het mogelijk de tweede arm van de tegenstander uit een nuttige positie haalt. Om ervoor te zorgen dat het principe van "naar buiten bewegen" *uitvoerbaar* is, moeten we laten zien wat flankeren wel en niet is, en we moeten de leerling verschillende vaardigheden aanreiken die de doel ondersteunen. We moeten timingoefeningen, voetenwerkoefeningen, oefeningen in : blokkeren, passeren en duwen/trekken ontwikkelen die onszelf en of onze tegenstander ondersteunen, zodat we "naar buiten" kunnen navigeren als dat wenselijk is.

Als instructeur moeten we eerst het nuttige doel (*principe*) identificeren. Vervolgens helpen we de student de waarde van die tactiek te begrijpen, en ten slotte zorgen we ervoor dat de student de vaardigheden krijgen waarmee ze het doel consequent kunnen bereiken.

Stap 3 - Lesgeven is een vak. Benader het proces als een opvoeder.

Het is belangrijk om vast te stellen dat *lesgeven* een beroep is, met gerelateerde vaardigheden en doelen, onderscheiden van die van een beoefenaar. Hoewel sommige krijgstradities *onderwijstitels* ondersteunen, is het zeldzaam dat deze titels het resultaat zijn van het verkrijgen van specifiek onderwijs in de *vaardigheden* van het beroep van leraar.

Vervolgens hebben de meeste vechtkunstbeoefenaars historisch onder anderen gestudeerd bij geschoolde beoefenaars, die geen opgeleide opaanvaller waren. Dit feit kan een van de redenen zijn dat principe-gedreven training die gericht is op progressieve vaardigheidsopbouw, eerder uitzondering dan norm in traditionele vechtkunsten lijkt te zijn.

Vaardigheidsopbouw is een belangrijk doel.

Aangezien krijgstradities vaak worden doorgegeven en beoefend in tijden van vrede, kan het focus (misschien te gemakkelijk) verschuiven naar het handhaven van de tradities en het eren van de herinnering van de voorouders van de kunst als een relikwie.

Nogmaals, Gustav Mahler herinnert ons eraan: "Traditie is het verzorgen van de vlam, niet het aanbidden van de as." Het louter herhalen van dezelfde opgeslagen sequenties die aan ons zijn overgeleverd, garandeert niet de overdracht van de toepasbare vaardigheden die nodig zijn om iemands zelf te beschermen.

Zoals een van mijn instructeurs zou zeggen:

> "De vorm [kata] is niet de boodschap. Een vorm is als een verhaal dat al is verteld.
>
> Je moet leren om je eigen verhaal te maken."
>
> -Lin Weiguo (林卫国)

Het is heel gebruikelijk dat traditionele krijgstraining grotendeels wordt omvat door de onthouden van technieken, combinaties, vormen (kata), of vormtoepassing. De applicaties van vormen, ook wel zelfverdedigingsscenario's genoemd, demonstreren "Als aanvaller A doet, dan doe ik B" -reeksen en de herhaalde bekrachtiging en oefening van degenen die uit het hoofd zijn geleerde thema's. Deze "eenmalige" oplossingen zijn helaas niet de meest efficiënte manier om toepasbare vaardigheden te ontwikkelen die worden overgedragen naar nieuwe situaties.

Wat meestal ongebruikelijk is in krijgstradities, is een sterke focus op progressie van uit het hoofd leren tot het opbouwen van vaardigheden. Vaardigheidsopbouw is de implementatie van een *ervaringsmodel* dat de mogelijkheid biedt het proberen en falen in een veilige omgeving of een experimentele model dat de student een zekere mate van vrijheid geeft om "van het systeem hun eigen" te maken.

Hoewel deze aanvullende vormen van vaardigheidsopbouw afhankelijk zijn van het onthouden, gaan ze er progressief op vooruit om de voortdurende *bruikbaarheid* van de krijgstraditie te verzekeren.

Inzicht is de sleutel tot het "overdragen" (toepassen) van vaardigheden.

Nogmaals, als docent is het ook belangrijk om in gedachten te houden dat leerlingen informatie leren toe te passen in een progressief proces. Ten eerste leren studenten discrete componenten van informatie, en dan begrijpen hoe die vaardigheden in een bredere context passen, en, ten slotte, door hun kennis buiten de vooraf gedefinieerde oefeningen toe te passen.

In het Westen is het algemeen bekend dat een primaire maatstaf voor effectief onderwijs is: het vermogen van de leerling om de vaardigheden die ze in klassikale oefeningen hebben geleerd, over te dragen (toe te passen) in nieuwe scenario's. De sleutel tot het overbrengen van vaardigheden naar nieuwe scenario's is het expliciete ***begrip*** van de vaardigheden die ze hebben geleerd.

Zonder begrip blijven studenten gefrustreerd bij het leren van materiaal dat ze nooit "zullen" of nooit "kunnen" gebruiken in de echte wereld. Zonder begrip kunnen studenten dat zelfs niet bepalen *wanneer* het gepast is om hun specifieke kennis toe te passen, laat staan het begrijpen van *hoe* ze hun vaardigheden kunnen toepassen bij het oplossen van een probleem. Zonder de mogelijkheid om hun kennis *over te dragen*, kan een student wel realiseren dat ze in een situatie zitten waar ze een bepaalde vaardigheid kunnen uitvoeren, maar kan dit vanwege kleine variaties mogelijk niet effectief doen in omstandigheid of context.

Het is duidelijk dat studenten die hun krijgstoepassingen alleen in een vooraf afgesproken context kunnen uitvoeren, geen *toepasbare* vaardigheden hebben ontwikkeld die ze op straat kunnen gebruiken. Om iemands kennis toe te passen, moet men de omstandigheden begrijpen waarin die kennis waardevol is, en dan in staat zijn om die kennis over te dragen naar een situatie die totaal anders is dan dat ze in hun leeromgeving zijn tegengekomen.

Omdat het *overbrengen* van vaardigheden naar een nieuwe situatie analoog is aan het *toepassen* van iemands krijgstraining in een nieuwe of onbekende context, is het van cruciaal belang dat vechtkunststudenten martiale vaardigheden aanleren *met begrip*. Het begrip van studenten wordt mogelijk gemaakt door nuttige praktijken voor vaardigheidsontwikkeling, ondersteunende theorie en duidelijke en consistente terminologie. **OPMERKING**: In de rest van dit boek gebruiken we "toepassen" in plaats van "overdracht" om te verwijzen naar het *toepassing* van krijgskunsten in een levende, niet-gescripte omgeving.

Studenten *met begrip* bijbrengen is belangrijk om verschillende redenen:

- Het creëert goed geïnformeerde beoefenaars.
- Het houdt nieuwsgierige studenten mentaal betrokken.
- Het geeft studenten die docent worden een voorsprong.
- Het geeft studenten de tools die ze nodig hebben om door te gaan met leren buiten de klas.

- Het helpt studenten hun training in de juiste context te plaatsen wanneer ze worden gepresenteerd met andere vechtkunsten.
- Misschien wel het allerbelangrijkste: het helpt studenten om zichzelf te corrigeren als ze falen.

Vanwege dit natuurlijke leerproces moet de instructeur leermogelijkheden ondersteunen die elk van deze fasen ondersteunen.

"Achterwaartse planning" is een waardevol proces voor docenten.

Leraren zouden sterk moeten overwegen om een "achterwaartse planning" -benadering te gebruiken bij het ontwikkelen of aanpassen van het curriculum voor hun school. Als de doelen van een leraar duidelijk zijn geïdentificeerd, wordt het gemakkelijker om bruikbare testmaatregelen te identificeren en te implementeren. Zowel leraar als leerling kunnen erop vertrouwen om te bepalen of de leerling vordert.

Als de docent zowel een duidelijke visie heeft op hun doelen, als een begrip heeft van hoe ze zullen de voortgang van hun leerlingen in de richting van die doelen controleren, kan de leraar lesplannen ontwikkelen en ondersteunende oefeningen die zowel effectief als progressief zijn.

Zowel de leraar als de student maken de educatieve reis van tegenovergestelde kanten van het spectrum... de leraar die het doolhof oplost door bij het eindpunt te beginnen, en de student die de lijn volgt die door de leraar is getrokken.

Stap 4 - Ontwikkel en wijzig het curriculum om daadwerkelijk progressieve ontwikkeling van vaardigheden te ondersteunen.

Met dien verstande dat studenten eerst leren, dan begrijpen en vervolgens de opgedane kennis toepassen, moet de leraar het curriculum in meerdere vormen aanpassen of ontwikkelen om studenten te ondersteunen in elke leerfase. Deze worden verder beschreven in hoofdstuk 6, maar samengevat in de volgende paragrafen.

Ten eerste moeten individuele, geïsoleerde oefeningen voor vaardigheidsontwikkeling worden ontwikkeld. Deze geïsoleerde oefeningen lijken misschien erg kunstmatig voor nieuwe studenten, maar ze bieden een kans voor zowel docent als student om zich te concentreren op één enkel, beheersbaar probleem / oplossing per keer ingesteld.

Ten tweede, zodra de student bekwaamheid heeft gedemonstreerd in een handvol nuttige, gerelateerde vaardigheden, kunnen ze worden blootgesteld aan oefeningen die hen helpen om vaardigheden te koppelen of om verschillende gerelateerde vaardigheden uit te kiezen, afhankelijk van het gewenste resultaat van de leerling. Deze oefeningen geven de student het vermogen om keuzes te maken op basis van hun kennis, doelen en context. Het mislukken van oefeningen van deze aard moet worden aangemoedigd, daaruit kan worden geleerd dat het nemen van minder effectieve beslissingen zeer waarschijnlijk wordt gewaardeerd en het wordt goed onthouden door de student. Studenten leren heel goed en snel van het maken van fouten in een veilig omgeving.

Een voorbeeld van een oefening in deze categorie is één waarmee een student kan maken meerdere keuzes voor het navigeren door de blokkerende armen van een tegenstander (binnen, buiten of onder) om door te gaan met een aanval.

Ten derde, en ten slotte, moeten leraren studenten trainingsomgevingen bieden en platforms om studenten in staat te stellen zowel hun vaardigheden onder druk uit te testen als experimenteren met wat ze doen heb geleerd. Vaardigheidstesten onder druk bieden studenten de mogelijkheid om samen te navigeren variaties in snelheid, hoek en intensiteit met een partner, terwijl experimenten dit toelaten trainingspartners om hun leerproces in nieuwe en onverwachte omstandigheden toe te passen krijgen meer vrijheid in hoe en waar te bewegen op basis van hun huidige niveau van begrip.

Gebruik van dit boek

Ik raad aan om dit boek in eerste instantie van voren naar achteren te lezen, maar ik verwacht het dat de meerwaarde erin ligt dat het boek een naslagwerk zal zijn waarin één relevant principe wordt herzien tegelijk, zodat de lezer zijn eigen trainingsparadigma, terminologie en aannames en vervolgens de informatie in dit boek koppelen aan die al aanwezig is in hun systeem.

Over het algemeen zijn boeken een slecht medium om niet-lineaire informatie door te geven. Meest van hier gepresenteerde principes zijn niet-lineair in relatie. Veel principes zijn afhankelijk van ondersteuning en gaan ervan uit dat er andere principes in het spel zijn. De uitkomst hiervan is een web van onderling verbonden principes zonder een enkelvoudig, correct pad om in te werken.

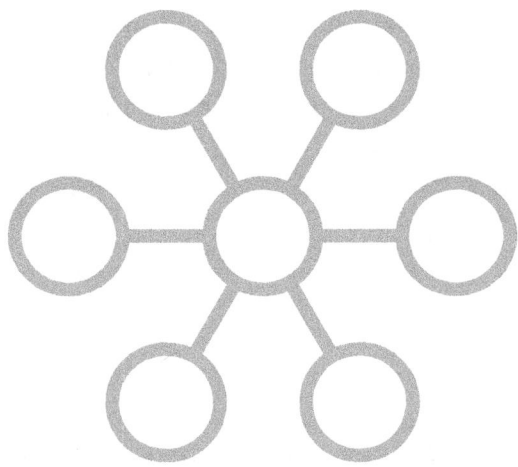

Principes zijn met elkaar verbonden en ondersteunen elkaar

Hoewel de hoogste waarde die wordt verkregen uit een op principes gebaseerde benadering al is geschetst omdat het totaal groter is dan de som van de delen bij *implementatie met een progressieve onderwijsmethodologie*, kunnen de individuele principes zelf in bijna elke volgorde worden opgenomen. Zoals in meer detail besproken in *Hoofdstuk 2: De Stichting - Terminologie en Fundamentele Veronderstellingen*, principes bieden waarde door additief van aard te zijn.

Elk individueel principe kan helpen bij het informeren van iemands kunst; principes koppelen, ondersteunen, en versterken elkaar echter. *Consistentie* is van cruciaal belang. Als je een principe eenmaal begrijpt en hoe je het moet toepassen, moet u ernaar streven om het altijd in de juiste context toe te passen.

Waarschuwingen

Op deze pagina's zul je ongetwijfeld enkele, misschien wel vele principes tegenkomen die je al kent, en je zult ze misschien onder andere termen kennen. Je komt zelfs principes tegen waarvan je denkt dat ze 'universeel' zijn, vooral als je een stijl bestudeert anders dan Goju-ryu.

Ik daag je uit om de toepassingsprincipes in de meeste gevallen meer te zien als *voorkeuren* dan als absolute of universele waarheden. *Voorkeuren* zijn immers een van de redenen dat er zoveel stijlen van martial arts bestaan. En dit drijft veel van de beoefenaren en leraren van dezelfde "stijl" om de opleiding en toepassing van hun kunst anders te benaderen. Ik geloof dat als je naar het principe-gedreven model kijkt als een reeks *voorkeuren*, je dan wel je eigen rationele analyse kunt gebruiken om dit model te maken, of een soortgelijk model, te laten werken voor uw (en uw student), ongeacht de krijgstraditie(s) die je beoefent en / of onderwijst.

Het materiaal dat hier wordt gepresenteerd, is een onderdeel van één principe-gestuurd model voor Goju-ryu dat spreekt tot mijn begrip van de voorkeuren van de kunst. Deze voorkeuren zijn rechtopstaande korte afstandstechnieken, zoals: slaan, klemmen, breken en werpen. De informatie de volgende hoofdstukken zijn een weergave van de principe-gestuurde aanpak die nu wordt gehanteerd als een deel van de training en het onderwijs in mijn dojo, de Burinkan.

Bedenk nogmaals dat de waarde van een principe-gedreven model groter is dan de som der delen… dat individuele principes gewoon in de gereedschapskist van "eenmalige dingen" kunnen blijven, of indien ondersteunt met een vaardigheidsgerichte mentaliteit en een opzettelijk progressief onderwijskader, kan worden gebruikt als een instrument om een benadering van training, onderwijs en toepassing fundamenteel te veranderen.

Onthoud ten slotte dat de foto's slechts *voorbeelden* zijn die bedoeld zijn om het aard van de besproken principes te helpen weergeven. Ze worden uitgevoerd in de *esthetiek* van Goju-ryu, maar dat beperkt de waarde van de concepten niet wanneer de worden toegepast in andere *of tegen* verschillende vormen of contexten, hetzij in de dojo van een ander stijl van karate, zoals een Koreaanse dojang, een Chinese kwoon of op straat.

2

Het fundament: Terminologie en Fundamentele Veronderstellingen

> Het kan best verleidelijk zijn om een hoofdstuk met de titel "Terminologie" over te slaan, maar het wordt hier sterk aanbevolen om niet verder te springen zonder dit gedeelte minstens een keer te hebben gelezen.
>
> Later commentaar op feitelijke toepassingsprincipes zal misschien niet logisch zijn zonder inzicht te hebben in enkele van de fundamentele voorkeuren en aannames die worden gebruikt om principe gedreven model samen te binden.
>
> Het is ook waardevol om definities te noteren en onze vooroordelen en aannames te documenteren.

De Realiteit – Wat Martial Art IS

Hoewel de term "Martial Art" meer geschikt zou zijn voor vechtsystemen die zijn ontworpen voor of puur afgeleid van gevechtskunsten , wordt de term de rest van dit boek gebruikt als een manier om een systematische praktijk van civiele zelfverdedigings manoeuvres te beschrijven.

Typisch bevat een martial art vechtprincipes (doelen en voorkeuren) en trainingscomponenten (methoden om de vaardigheden te verwerven die nodig zijn om die doelen te bereiken) om te helpen bij de ontwikkeling van zelfbehoud- en vechtvaardigheden. Vaak worden studenten van de martial art ook de rituelen en andere attributen van de cultuur bijgebracht waarin de kunst is ontstaan.

Zoals terminologie, kostuums, uniformen, soms filosofie, en, in sommige zeldzame gevallen, religie. Het is belangrijk op te merken dat veel beoefenaars van historische martial arts verschillende componenten van hun kunst beschouwen als 'traditie', dat wil zeggen: wat als heilig wordt beschouwd en buiten de grenzen van acceptabele innovatie valt, terwijl anderen bereid en in staat zijn om de inhoud van de kunst te segmenteren vanuit het leveringsmodel (leermethoden). De laatstgenoemde mentaliteit stelt aanhangers van de traditie in staat om de lesmethoden verder te ontwikkelen, en dit is de benadering die dit boek bepleit. Zoals Gustav Mahler zei: "Traditie is niet de aanbidding van as, maar het behoud van vuur." Aangezien traditites over zowel culturen als generaties worden doorgegeven, is het belangrijk om het onderwijsmodel aan te passen en te verbeteren om de traditie de kans te geven te overleven.

De mythe - Wat een Martial Art NIET is

Martial art is geen gegarandeerde methode voor het creëren van een onstuitbare jager, en het garandeert niet dat de getrainde persoon zal slagen tegen een ongetrainde persoon. Het is bekend dat straatvechters klassiek geschoolde martial artists verslaan vanwege factoren die later in deze handleiding worden beschreven. Sommige mensen zijn bijvoorbeeld kleiner of fysiek zwakker dan anderen en hebben het nadeel van deze fysieke eigenschappen, en kunnen alleen proberen de kansen in hun voordeel te vergroten met training die consequent wordt geleid door superieure strategie en tactieken.

Er zijn geen verifieerbare "magische" of "mystieke" energiekrachten die een leraar je kan helpen ontketenen om je aanvaller te stoppen. Empty Force (in wezen telekinese) en Dim Mak (death touch) zijn trucs om mensen te laten geloven dat martial artists het equivalent zijn van superhelden. Deze verhalen zijn fabels. Helaas geloven veel studenten en docenten nog steeds dat deze dingen mogelijk zijn, wat mensen in gevaar brengt terwijl ze eigenlijk op hun training moeten vertrouwen om zichzelf te beschermen. Hoewel het misschien extreem lijkt om dat te zeggen, geloof ik dat martial art instructeurs die deze esoterische methoden van zelfverdediging onderwijzen, direct verantwoordelijk zijn voor de toekomstige schade die hun studenten op straat zullen tegenkomen.

Ik geloof dat alle martial art instructeurs een ontnuchterende verantwoordelijkheid hebben jegens hun studenten, om hen zo snel mogelijk een haalbare, gedemystificeerde en bruikbare vaardigheden aan te leren.

Het basisprincipe van zelfverdediging: "Verdedig jezelf, controleer je aanvaller."

Bijna elke civiele martial art deelt een fundamentele filosofie ten aanzien van "zelfverdediging", die ruwweg luidt:

1. Vermijd situaties die leiden tot onnodig vechten.

2. Vlucht, indien mogelijk.

3. Als je niet kunt ontsnappen, verdedig jezelf dan.

Terwijl de meeste vechtsportscholen (en bijna alle "zelfverdediging" klassen) punten #1 en #2 bespreken, richten de meeste scholen zich voornamelijk op de fysieke aspecten rondom punt #3, dat zich uitbreidde van zijn typische steno (verdedig jezelf), wordt ons eerste principe van zelfverdediging:

护身制敌
"Defend yourself, and control your attacker."

-Of anders gezegd-

須先保自已，後著攻他人
"First protect yourself, then attack the other."

Dit is in wezen HET fundamentele, ook al wordt het zelden vermeld, principe van alle op "zelfverdediging" gebaseerde martial arts, aangezien de veronderstelling is dat de context en het doel van onze activiteit wordt bepaald door een aanvaller die probeert ons te beheersen door te slaan, grijpen, enz. Met dat begrip en een duidelijke verklaring van ons fundamentele principe, wordt het duidelijk dat ons primaire doel tweeledig is:

Verdedig jezelf tegen aanvallen.[5]

Neutraliseer de agressieve actie(s) van de aanvaller. Onszelf verdedigen tegen welke vorm van controle dan ook die de aanvaller gebruikt, wordt de eerste herkenbare groep vaardigheden.

Beheers je aanvaller.

Als de martial art beoefenaar succesvol is in hun eerste verdediging, dan moeten ze zich onmiddellijk zorgen maken over het overnemen van de aanvaller of geconfronteerd worden met het opnieuw (en opnieuw) verdedigen, met de mogelijkheid van uiteindelijk falen, bezwijken voor de aanvaller.

Het idee van Beheers je aanvaller ondersteunt vele opties: slaan, vergrendelen, breken, stikken of gooien. Het doel van elk van deze is om het vermogen en/of de wil van de aanvaller om kwaad te doen te verwijderen. In de Chinese kunsten wordt vaak gezegd dat *ti, da, shuai, na* (踢打摔拿), wat 'schoppen, slaan, gooien en grijpen' betekent, vertegenwoordigen de categorieën van krijgsopties die beschikbaar zijn voor de beoefenaar. Deze opties vertegenwoordigen benaderingen of technieken in de richting van een doel, maar ze spreken niet goed over de doelen die ze ondersteunen.

Daarom spreken we eerst van controle zoals in elk conflict dat verder is gegaan dan woorden: de ene partij probeert fysieke controle over de andere uit te oefenen. De "aanvallende" partij heeft een doel voor ogen en zal een of meer vormen van controle gebruiken om dat doel te bereiken:

- "Sleep de vrouw in de auto, zodat ik haar kan aanvallen."
- "Sla de man eruit, zodat ik kan ontsnappen zonder gevolgd te worden."
- "Laat de man zien wie de baas is door hem in het bijzijn van iedereen in elkaar te slaan."

Niet alleen de aanvaller heeft een doel, maar de verdediger moet ook een doel hebben voor tegencontrole, zoals in de volgende voorbeelden:

---

[5] Alleen in zeldzame gevallen van bekende, zekere en onmiddellijke fysieke dreiging heeft het zin om je martial art training te gebruiken om een preventieve aanval uit te voeren. Je dient jezelf vertrouwd te maken met de lokale wetten met betrekking tot zowel aanvallen als aanvallen en te begrijpen dat zelfs het gerechtvaardigd gebruik van vechtkunsten om jezelf te verdedigen ervoor zal zorgen dat je in direct contact komt met de plaatselijke wetshandhavers.

- "Houd de agressor vast totdat de autoriteiten arriveren."
- "Stop de indringer van het huis met alle middelen die nodig zijn om ervoor te zorgen dat mijn gezin veilig is."
- "Houd mijn dronken vriend tegen om mij of zichzelf geen pijn te doen."
- "Laat de aanvaller zien dat ik geen prooi ben, door hem terug te slaan."

Vanuit een zelfverdedigingsperspectief kan elk doel worden bereikt met behulp van meerdere "categorieën" van applicaties die de aanvaller controle geven op een methode die het beste past binnen de vaardigheden van de verdediger.

Vormen van controle

In plaats van de eerder besproken Chinese Ti, Da, Shuai, Na-benadering te volgen, vinden we het nuttiger om ons vocabulaire te verschuiven om methoden (of vormen) van controle te bespreken.

Controle (van de aanvaller en van ons) kan vele vormen aannemen en wordt hier als volgt gecategoriseerd:

- Controle van lichaamshouding en balans
- Breek structuur
- Knock-out/uitgeschakeld
- Pijn/Mentaal

Het beheersen van houding en balans is een zeer nuttige controlemethode omdat het meerdere potentiële voordelen biedt voor de controlerende partij.

Wanneer je de houding en het evenwicht van je tegenstander beheerst, ben je op de een of andere manier een 'poppenspeler', die het lichaam van de aanvaller tegen hun wil in beweegt. Idealiter, wanneer je de houding van je tegenstander onder controle hebt, kunnen ze niet langer stappen waar of wanneer ze willen, met volle kracht slaan of trappen, zich mentaal blijven inzetten voor hun oorspronkelijke plan of gemakkelijk weerstand bieden aan je pogingen om veilig te manoeuvreren.

Methoden voor het beheersen van houding en balans omvatten, maar zijn niet beperkt tot de volgende acties:

- Draaien
- Vegen
- Gooien
- Duwen
- Trekken
- Trippen
- Vouwen (een scharnier of schuifverbinding forceren)
- Verstrengeling
- Slagen/schoppen

Structuren breken[6] is een zeer specifieke vorm van controle, waarvan het doel is om een schuif-, scharnier- of kogelgewricht functioneel te beschadigen, door de ligamenten die het gewricht bij elkaar houden te scheuren of door de pezen te scheuren die de omringende spieren vastmaken. Dislocatie van een kogelgewricht, zoals een schouderscheiding of dislocatie, zou in deze categorie vallen. Mogelijke eindtoestanden van het echt breken van de structuur van een tegenstander resulteren in het volgende: 1) Extreme pijn, mogelijk leidend tot bewusteloosheid (of op zijn minst, afleiding), en 2) Verminderde of waarschijnlijk geëlimineerde mobiliteit van het gewricht.

Methoden voor het doorbreken van structuur omvatten, maar zijn niet beperkt tot het volgende:

- Hyperextensie van het gewricht
- Hyperflexie van het gewricht
- Hyperrotatie van het gewricht

Knock-out of onbekwaam maken is een veelgevraagd doel van burgerconflicten. Deze optie laat de verliezer volledig en gevaarlijk over aan de genade van de winnaar.

Methoden voor knock-out of onbekwaam maken omvatten, maar zijn niet beperkt tot de volgende acties:

- Slagen/schoppen - typisch het hoofd

---

[6] Poging tot directe breuk van een lang bot (dijbeen, sleutelbeen, opperarmbeen) is niet opgenomen vanwege de lagere kans op succes en het ongebruikelijke karakter ervan als een vechtdoe

- Verstikking van de keel (met behulp van bloed- of luchtsmoorspoelen)
- De grond raken als gevolg van gooien, slaan, enz.
- Extreme pijn, zoals van een gebroken gewricht

De geest van de tegenstander beheersen kan op talloze manieren worden gedaan en mag niet worden vergeten als een belangrijke en veelgebruikte vorm van 'controle'. Er zijn verschillende technieken om tegenstanders te intimideren en te desoriënteren; er moet echter worden opgemerkt dat het slaan van een persoon pijn veroorzaakt, wat mogelijk kan leiden tot overgave door de gedomineerde partij.

Methoden voor het induceren van pijn of andere vormen van mentale controle omvatten, maar zijn niet beperkt tot:

- Bedreigen/intimideren
- Desoriënteren (d.w.z. zand in de ogen, in het gezicht spugen, enz.)
- Kwetsbare punten slaan/schoppen, pijn en twijfel veroorzaken
- Een verbinding vergrendelen (dwingen tot zijn maximale bewegingsbereik)
- Een gewricht breken (het voorbij zijn maximale bewegingsbereik dwingen)
- Iemands houding of balans verstoren, in feite "hun geest nemen", omdat ze gedwongen worden zich te concentreren op bewegen om hun positie, balans of houding te behouden.

We definiëren en categoriseren "controle" op deze manier om te helpen bij latere training. Door dit te doen, kunnen we duidelijk en doelgericht zijn in het sturen van ons vaardigheid gestuurde curriculum om de potentiële voordelen en eindtoestanden van succesvol trappen, stoten, slaan en vergrendelen over te brengen om onze zelfbeschermingsdoelen te bereiken, afhankelijk van de situatie.

Het wordt ten zeerste aanbevolen voor zowel krijgsbeoefenaars als leraren om zowel de kracht-continuümmodellen die worden gebruikt door wetshandhaving als de lokale jurisdictie met betrekking tot zelfverdediging en het gebruik van dodelijk geweld te bestuderen. Gewapend met een goed begrip van hoe je beoordeeld zult worden als je zelfbeschermingsvaardigheden moet gebruiken, zul je beter toegerust zijn om goede beslissingen te nemen met jouw training- en onderwijstijd, en de juiste vorm(en) van controle gebruiken die geschikt is voor de situatie.

Gebruik van het woord "geavanceerd/gevorderd"

Als het gaat om terminologie in de martial arts, is er waarschijnlijk geen term die meer misverstanden, verwarring en gebrek aan focus op echte vaardigheidsontwikkeling kan veroorzaken dan het woord 'gevorderd'. We zullen wat tijd besteden aan het bespreken van deze term, de problemen die worden veroorzaakt door het algemene gebruik ervan, en aanbevelingen voor een nauwkeuriger en consistent gebruik van het woord in verband met zowel beoefenaars als principes.

Geavanceerd/Gevorderd – connotatie

"Gevorderd" heeft een reeks algemeen aanvaarde betekenissen in de martial arts, en voor de meeste mensen betekent gevorderd iets in de trant van:

- "beter"
- "realistischer"
- "complexer"
- "meer waard"
- "elite"

Problemen die verkeerd gebruik van het woord 'gevorderd' veroorzaken

Misbruik van het woord 'gevorderd' in martial arts kan ook klinken of lijken op een van deze algemeen aanvaarde overtuigingen of beweringen:

- Beweert "geavanceerde" technieken of kata te hebben, vaak onthouden aan studenten of gehouden als een "wortel" om het mysterie van dat nog niet geleerde te behouden.
- Als sommige technieken of kata's geavanceerder zijn dan andere, ontstaan er bepaalde problemen in de mentaliteit van de beoefenaar en de daaropvolgende training. Zo negeren studenten vaak eenvoudige, nuttige technieken voordat ze leren hoe ze ze op de juiste manier kunnen toepassen. Omdat het *eenvoudigere* technieken zijn, hebben deze MISSCHIEN de grootste kans op succes, ALS ze goed worden onderwezen en getraind.
- De overtuiging dat de ene vorm van *controle* verder *gevorderd* is dan de andere (worstelen is waardevoller dan slaan of vice versa), terwijl training voor verschillende vormen van *controle* simpelweg verschillende opties biedt om een gewelddadige ontmoeting te beëindigen.

We stellen voor dat in de context van vechtkunsten, het woord *geavanceerd* beter kan worden gebruikt als een beschrijving van een actie (toepassing) of persoon die zeer *efficiënt* en zeer *effectief* is, en als gevolg daarvan meer kans heeft om succesvol te zijn in een zelf- verdedigingsscenario.

Aangezien een op principes gebaseerd model van vitaal belang is voor de efficiënte ontwikkeling van de vereiste vaardigheden bij beoefenaars, vinden we het nuttig om duidelijk te zijn over hoe principes *geavanceerde* toepassingen en de ontwikkeling van gevorderde beoefenaars ondersteunen. Om dit te doen, moeten we eerst twee algemene termen in de vechtkunsten, techniek en toepassing, bespreken en verduidelijken, omdat ze vaak door elkaar worden gebruikt.

Techniek en toepassing definiëren

Omdat geavanceerd vaak wordt gebruikt om bepaalde solo-technieken (inclusief zeldzame solo-kata's) en toepassingen te beschrijven, is het belangrijk om enkele aanbevolen definities voor de woorden techniek en toepassing te onderzoeken om vervolgens enkele suggesties te doen over waar het kwalitatieve woord geavanceerd echt nuttig is.

Een techniek is een gecoördineerde, herhaalbare beweging van het lichaam van de beoefenaar. Gewoonlijk wordt een techniek gecodificeerd door een grondlegger van een krijgskunst, die geloofde dat een bepaalde beweging van het menselijk lichaam een specifiek vechtdoel ondersteunde op een zodanige manier dat de beweging de moeite waard is om te herhalen en te verfijnen voor snel, betrouwbaar en explosief gebruik. de primaire controlemethode(n) van de kunst.

Technieken beantwoorden de volgende vragen:

- "Hoe moet ik van plan zijn om te gaan met verschillende gewelddadige situaties die ik denk dat ik in mijn omgeving zou kunnen tegenkomen?"
- "Welke bewegingen zijn volgens mij nuttig genoeg om herhaaldelijk te oefenen om snelheid en kracht op te bouwen?"
- "Wat kan ik in afzondering oefenen om me voor te bereiden op geweld?"

Een techniek moet worden gecombineerd met voldoende kracht, juiste actieradius, timing, snelheid (attributen) in een situatie (context) die een bepaald doel (strategie) tegen een tegenstander ondersteunt om een toepassing te creëren.

Een **toepassing** is het gebruik van een techniek, in een geschikte situatie, ten opzichte van een tegenstander. Het is een middel om het lichaam van de tegenstander te bewegen of anderszins te beïnvloeden, voor een vooraf bepaald doel of effect, wat leidt tot controle.

Toepassingen beantwoorden de vragen:

- "Wat kan of moet ik precies doen ten opzichte van een aanvaller om tot een bruikbare vorm van verdediging of tegencontrole te komen?"
- "Hoe kan ik slagen tegen een zich verzettende tegenstander die het initiatief kan hebben, en misschien groter en sterker is dan ik?"

Kortom, een techniek is een beweging zonder duidelijke, directe context, terwijl een techniek die in een bruikbare context wordt toegepast een toepassing is.
We stellen voor dat een techniek in context moet worden toegepast om kwalitatief te kunnen worden beoordeeld als nuttig, geschikt, succesvol of geavanceerd. Technieken zijn immers gewoon bewegingen van het lichaam van de beoefenaar. Hoe kan een solobeweging zonder context ten opzichte van een andere techniek worden beoordeeld?

In sommige vechtkunsten wordt bijvoorbeeld vaak geleerd dat blokken met een gesloten vuist eenvoudig zijn, terwijl blokken met open handen geavanceerder zijn. Als we echter even nadenken, is het duidelijk dat een blok met gesloten vuist de mogelijkheid heeft om tijdens of na het blok met de vuist toe te slaan, terwijl een blok met "open handen" het alternatieve vermogen heeft om gemakkelijk de ogen te harken of grijpen in plaats van slaan. Beide opties kunnen zich tegen een aanval verdedigen en een middel zijn om de aanvaller snel tegen te houden. Hoe kunnen we gemakkelijk zeggen dat de ene geavanceerder is dan de andere, aangezien beide voldoen aan de fundamentele doelen van een krijgskunst?

Een techniek geavanceerd noemen is discutabel. Het creëert meer problemen dan het oplost daarentegen kan je een bepaalde applicatie wel geavanceerd noemen.

Ok, dus wat maakt een applicatie dan geavanceerd?

Gegeven die definities van techniek en toepassing, hoe kunnen we dan een toepassing kwalitatief beoordelen om te bepalen of deze echt geavanceerd is?

Door het succes van een beoefenaar bij het bereiken van de beoogde doelen van de applicatie bij het beheersen van de aanvaller.

Een succesvol toegepaste applicatie is er een die correct is voor de situatie, de toegepaste energie, de houdingen, posities, relatieve kracht en grootte van zowel aanvaller als verdediger, voet- en handplaatsing, bereik, timing en tientallen andere factoren.

Die factoren kunnen worden beschreven door **principes**, en hoe meer principes op de juiste manier worden toegepast tijdens een applicatie, hoe groter de kans dat die applicatie succesvol is in het bereiken van het beoogde doel(en).

Dus, met die definities voor techniek en toepassing, en het specifieke begrip van wat bijdraagt aan een geavanceerde toepassing, stellen we het volgende voor:

1. Een geavanceerde applicatie is een applicatie die alle relevante, bruikbare principes toepast om de verdediger de grootste kans op succes te geven bij het bereiken van zijn beoogde resultaat bij het beheersen van de aanvaller, en

2. Een gevorderde beoefenaar (in plaats van beginnend of gemiddeld) kan alle relevante principes tegelijkertijd toepassen om ervoor te zorgen dat zijn toepassingen de grootste kans van slagen hebben tegen een aanvaller.

Er is een goede reden om aan te nemen dat er geen geavanceerde technieken zijn, alleen goed of onjuist toegepaste technieken. Het is **hoe goed** technieken worden toegepast die het verschil maken, en principes helpen beoefenaars bij het bespreken, begrijpen en uiteindelijk trainen om applicaties goed genoeg uit te voeren om te worden overwogen, kwalitatief geavanceerd.

Een andere manier van denken over geavanceerde toepassingen is dat ze "**de kansen stapelen**" in het voordeel van de beoefenaar door meerdere succesfactoren in te zetten, zelfs in een enkele, verder eenvoudige beweging.

Het bespreken van principes kan een hele uitdaging zijn omdat ze een conceptueel 'web' van context vormen, waarbij sommige principes anderen helpen en informeren en sommige principes op anderen vertrouwen. Het is eigenlijk gemakkelijker om meerdere principes toe te passen dan om ze te bespreken, omdat het toepassen van principes op je training gewoon een additief proces is.

Elk principe dat in je training en uiteindelijk in je toepassingen is verwerkt, zal helpen om de kansen te vergroten ten gunste van je succes tegen je tegenstander.

Op enkele uitzonderingen na, kunnen principes in bijna elke volgorde aan uw training en onderwijs worden toegevoegd, zoals wordt aangetoond in de associatieve eigenschap van optellen.

De associatieve eigenschap van optellen:

Stap 1	3 + 4 + 1	=	3 + 4 + 1
Stap 2	(3 + 4) + 1	=	3 + (4 + 1)
Stap 3	(7) + 1	=	3 + (5)
Stap 4	8	=	8

Uiteindelijk, ongeacht de volgorde die wordt ingevoerd, zal het uiteindelijke resultaat hetzelfde zijn... *een grotere kans op succes*.

Hoewel maar weinig mensen de tijd hebben genomen om hun redenering op te schrijven omdat ze geloven dat geen enkele techniek geavanceerd is, hebben velen intuïtief aangevoeld dat sommige andere *factoren* (principes) van toepassing echt verantwoordelijk zijn voor geavanceerde toepassing, in plaats van de vorm van de vingers of de zeldzaamheid van een bepaalde kata. Het kan nuttig zijn om herinnerd te worden aan verschillende dingen die vaak in traditionele vechtkunsten worden gezegd en die de waarde aantonen van deze aanbevolen behandeling van het woord geavanceerd:

- "Het echte geheim is gewoon hard werken."
- "Alles is in Sanchin."
- "Ik kan je verslaan, met alleen een [fundamentele techniek]."
- "De geheimen van de ene stijl zijn de basis van een andere stijl."
- "X is de meest basale techniek en tegelijkertijd de meest geavanceerde."
- "Hoe meer ik leer, hoe meer ik besef dat de basis het belangrijkst is."
- "Elke techniek, goed aangeleerd en toegepast, kan de techniek zijn die je leven redt."
- "Persoon A's vaardigheid is zo hoog, hij kan Persoon B verslaan, zelfs met de meest elementaire techniek."

Dus, gezien enige verduidelijking rond het woord *geavanceerd*, enkele consistente definities van *techniek* en *toepassing*, en een begrip van hoe *geavanceerde toepassingen* kunnen worden uitgevoerd door even gevorderde beoefenaars om "de kansen te stapelen" ten gunste van hun succes, zijn we in staat om principes te gebruiken als hulpmiddelen om onze training zowel fouten te corrigeren als krijgstradities te demystificeren met als doel hun voortdurende bruikbaarheid te ondersteunen.

Fa/Xing/Gong – Een eenvoudig kadervoorbeeld

Fujian Feeding Crane Boxing (Shihequan / 食鶴拳) bevat in zijn stijl, een eenvoudig model voor het begrijpen van zijn kunst, de **drie vaardigheden** (san cai / 三才). In wezen biedt dit raamwerk een snelle "lakmoesproef" om te bepalen of de beoefenaar waarschijnlijk succesvol zal zijn in het toepassen van zijn vaardigheden. Kortom, deze combinatie van **principes** (fa / 法), **toepassingen** (xing / 形) en **fysieke** attributen (gong / 功) vormt een vereenvoudigde checklist voor de beoefenaar en leraar. Het vermogen van de beoefenaar (of het gebrek daaraan) om alle drie op de juiste manier gelijktijdig te manifesteren, is een directe indicator van de "vooruitgang" of groei van de beoefenaar in de kunst van Shihequan.

Principes geven antwoord op de volgende vragen:

- "Wat" te doen, qua voorkeur voor Defensie en Controle.
- "Wanneer" is elke benadering of techniek geschikt?
- "Waar" de techniek toepassen voor maximale effectiviteit?
- "Waarom" elke benadering van vechten toe te passen?

Toepassingen beantwoorden de volgende vraag:
- "Hoe" voorbeelden te creëren die de vechtprincipes manifesteren, terwijl nog steeds ondersteunende principes van verdediging, beweging, structuur, enz. worden gebruikt?

Attributen geven antwoord op de volgende vraag:
- "Hoe goed" - in termen van snelheid, kracht, flexibiliteit, enz.

Zie attributen als de "motor" die de manoeuvres van de kunst levert.

OPMERKING: wanneer mensen zeggen: "het gaat niet om de kunst of stijl, het gaat om de beoefenaar", hebben ze het vaak over zowel de eigenschappen van de persoon als de vooruitgang van die persoon in de kunst.

Net als een driepotige kruk moeten alle poten aanwezig zijn om het benodigde platform te bieden voor een goede uitvoering van de kunst. Als bijvoorbeeld een van de volgende zaken ontbreekt, kan een bepaalde uitkomst worden voorspeld:

Ontbrekende principes (fa):
- Als je beide handen gebruikt om de greep van een aanvaller te verwijderen, heb je niets beschikbaar om de inkomende stoot te blokkeren.
- Als u uw handen gebruikt om lage trappen te blokkeren, kunt u in het gezicht worden geslagen.

Bij gebrek aan nuttige toepassingen (xing):
- Als je niet weet hoe je low kicks moet verdedigen, loop je schade op aan de benen of gebruik je je handen om ze uit hun "zone" van voorkeur te trekken.
- Als je niet weet hoe je moet worstelen, kan een worstelaar je domineren.

Bij gebrek aan relevante fysieke eigenschappen (gong):
- Elke toepassing zonder de kracht om schade aan te richten of op zijn minst afleiding te veroorzaken, is nutteloos.

Hoewel principes op vele manieren kunnen worden gecategoriseerd (structuur, beweging, toepassing, kracht, training, lesgeven, enz.), concentreren de hoofdstukken 3-5 zich op verschillende toepassingsprincipes en zijn grofweg gegroepeerd volgens de Shihequan san cai:
- Hoofdstuk 3 – Algemene/Fundamentele Principes (Fa)
- Hoofdstuk 4 – Toepassingsprincipes gericht op het gebruik van onze anatomische "tools" effectief (Xing)
- Hoofdstuk 5 – Kracht- en energie gerelateerde principes (Gong)

Hoofdstuk samenvatting

Tot dusver hebben we de definitie van *martial art* verduidelijkt, het onderliggende (en vaak onuitgesproken) *fundamentele principe* van alle op zelfverdediging gebaseerde martial arts besproken, en daarna verder besproken wat het betekent om een aanvaller te *beheersen*.

We hebben ook zowel *techniek* als *toepassing* gedefinieerd om *geavanceerd* beter te begrijpen als een kwalitatieve term om problemen als gevolg van misbruik te voorkomen en om duidelijker te maken dat consistente toepassing van meerdere *onderliggende succesfactoren* of *principes* is wat ertoe leidt dat sommige *toepassingen* en *beoefenaars* als echt *geavanceerd* worden beschouwd.

Over de fotovoorbeelden die in dit boek voorkomen:

Naarmate we verder gaan in Hoofdstukken 3 en verder, zijn er talloze toepassingsvoorbeelden gegeven om te helpen bij het begrijpen van elk principe, elke tactiek, elk concept of elk trefwoord. Tenzij anders vermeld, draagt de "**verdediger**" in elke reeks de **zwarte jas**, ongeacht of de verdediger een verdedigende of aanvallende beweging laat zien op de verstrekte foto's. Ook, terwijl we specifieke principes bespreken die aanbevelen om de hand NIET nodeloos terug te trekken naar een "kamer" positie, maken veel foto voorbeelden gebruik van de kamer positie voor de duidelijkheid van de fotografie door de niet-dominante (omwille van het principe besproken) hand te verwijderen van het belemmeren van fotografische details.

3

Fa (Algemene Methoden)

In hoofdstuk 3 bespreken we verschillende algemene principes, waarvan er vele relatief universeel van aard zijn in vechtkunsten.

Timing, agressie en positie zijn belangrijke thema's in de principes van hoofdstuk 3.

Timing - Begrijp het "spel"

Timing *begrijpen* is de sleutel tot het *beheersen* van timing, en het beheersen van timing is de sleutel tot succesvolle counter-controle.

Zoals we weten uit het fundamentele principe van zelfverdediging -- *verdedig jezelf, controleer jouw aanvaller* - we trainen voornamelijk om te *reageren* op een poging tot controle van een aanvaller. *Responding* is synoniem met *reacting*, en het is ook algemeen bekend dat actie sneller is dan reactie.

Omdat onze aanvaller handelt en wij reageren, zijn we daarom langzamer? Langzamer is misschien niet de meest nauwkeurige term om te gebruiken, dus laten we eens kijken naar wat er werkelijk gebeurt als we reageren.

Er is een wijdverbreid model voor het denkproces, de OODA-loop genaamd:

In de OODA loop, we:

- Observeer een situatie
- Oriënteren in de situatie
- Beslis wat te doen aan de situatie
- Handel om de uitkomst te beïnvloeden

In een zelfverdedigingsscenario is de aanvaller, tegen de tijd dat een verdediger stap 1 van de OODA-loop heeft bereikt (waarnemen van een inkomende aanval), al in stap 4 (handelen). De verdediger loopt vaak minstens drie stappen achter in het denkproces en de aanvaller zal snel weer handelen, waardoor de verdediger in een voortdurende staat van reageren blijft.

Omdat de aanvaller meedogenloos kan doorgaan met aanvallen, kan het buitengewoon moeilijk zijn om van deel één van een reactie (*jezelf verdedigen*) naar deel twee (*controleer je aanvaller*) te gaan.

Typisch scenario:

1. Aanvaller probeert verdediger te controleren
2. Verdediger slaagt in verdedigen
3. Aanvaller probeert opnieuw de verdediger te controleren
4. Verdediger slaagt in verdedigen

In een staat van eeuwige verdediging, is het waarschijnlijk dat de verdediger uiteindelijk zal falen in zijn verdediging en uiteindelijk zal bezwijken voor de controle van de aanvaller, tenzij de verdediger op de een of andere manier meer kan doen dan alleen verdedigen om de voortdurende opmars van de aanvaller te stoppen.

Laten we, gezien dat voorbeeld, een paar belangrijke termen met betrekking tot timing bespreken die kunnen helpen bij het analyseren en wijzigen van trainings- en toepassingsopties:

Na, tijdens en voor

In een zelfverdedigingsscenario gaan we er doorgaans van uit dat de verdediger het eerst *in het na* handelt, aangezien de aanvaller degene is die de actie initieert en *vóór* de verdediger optreedt.

Als we een gevecht vergelijken met een dans, dan leidt de aanvaller de dans, en de verdediger volgt... *achteraf* handelend, reagerend op de leider, alleen maar reagerend. De leider handelt naar zijn zin, ongehinderd, de volger heeft de moeilijke taak om bij te blijven. De leider van de dans acteert in het *voorgaande*. De leider bepaalt waar op de vloer de dansbewegingen beide dansers zullen brengen. De volger is alleen maar mee voor de rit, zonder controle en zonder inspraak, omdat ze *daarna* handelen.

Laten we vervolgens afstand nemen van de dans-analogie, terug naar het zelfverdedigingsscenario. We hebben besproken hoe belangrijk het is om als verdediger zo snel mogelijk te bewegen van *jezelf verdedigen*, wat we gedefinieerd hebben als een activiteit *achteraf*, om de *aanvaller onder controle te houden*, wat het meest succesvol is wanneer het in het voorgaande wordt uitgevoerd, vanwege de inherente moeilijkheid in efficiënt reageren.

Maar, in de veronderstelling dat we in het *na* beginnen, hoe kan een verdediger de situatie veranderen, zodat ze van het *na* naar het *vorige* gaan?

De verdediger kan dit doen door zowel efficiënt als effectief te handelen in de *tijdens*, en de volgende zijn de twee belangrijkste methoden die kunnen worden gebruikt:

1. Een tegenaanval uitvoeren *terwijl* we de aanvaller blokkeren/ontvangen of anderszins verdedigen, of
2. Een *extra vorm* van controle verkrijgen MET onze verdedigende beweging. (het evenwicht van de aanvaller verbreken, pijn toebrengen, enz.)

Optie 1: Tegenaanval tijdens het blokkeren/ontvangen van een aanval

Gezien het eerste principe van zelfverdediging, jezelf verdedigen, je aanvaller beheersen, bestaat uit twee delen, het meest efficiënte om te doen is beide delen tegelijkertijd uit te voeren.

Als we dat doen, kunnen we de situatie veranderen in iets als het volgende:

Fa (Algemene Methoden)

1. Aanvaller probeert verdediger te beheersen
2. Verdediger slaagt erin te verdedigen en tegelijkertijd een vorm van tegencontrole toe te passen
3. De aanvaller ziet af van zijn tweede aanval en schakelt over naar het verdedigen van de inkomende controle
4. Verdediger zet tegencontrole voort
5. Aanvaller blijft verdedigen

Tot welk punt de aanvaller faalt om te verdedigen ... wat leidt tot het succes van de verdediger bij tegencontrole. Zoals je ziet, vereist de sleutel om van het **na** (stap 1), via het **tijdens** (stap 2) naar het **vorige** (stap 4) te gaan, dat we zo vroeg mogelijk een vorm van agressieve tegencontrole inroepen, en gelijktijdig met onze verdediging.

In het volgende voorbeeld worden alle drie de timing gedemonstreerd, alleen verdedigend in het *vervolg*, tegenaanval (terwijl blokkerend) *tijdens* en opnieuw toeslaan in het *voorgaande*. Zoals je in het voorbeeld kunt zien, beginnen we met de veronderstelling dat de verdediger zich in het *na* bevindt, misschien niet op de hoogte, alleen in staat om onszelf te verdedigen... wat weinig verandert aan de situatie van de verdediger. Op dit punt blokkeert de verdediger alleen maar, zit nog steeds vast in de eerste helft van het *verdedigen van jezelf, je aanvaller beheersen*.

De verdediger heeft naar boven geblokkeerd, waardoor een opening naar de middelste en lagere niveaus is ontstaan, en (zoals uitgevoerd) heeft het blok van de verdediger **alleen** gediend om de verdediger een moment langer veilig te houden... het heeft de aanvaller niet onderbroken of op een andere manier *beheerst*. De aanvaller gaat verder en is van plan de opening van de verdediger met een tweede stoot uit te buiten. De verdediger blokkeert naar beneden om het blootgestelde gebied te verdedigen, maar geeft tegelijkertijd tegenstoten, waarbij hij het initiatief van de aanvaller steelt door zowel te blokkeren als *tijdens* de aanval te slaan.

Door een stoot te geven, heeft de verdediger nu de geest van de aanvaller overgenomen, zij het tijdelijk, door de OOBH-lus van de aanvaller te vertragen en te onderbreken, die van plan was een derde stoot uit te werpen.

Sinds de rechterhand van de verdediger al in positie is voor een tweede aanval (slechts enkele centimeters van het doel), hij gooit de stoot, nu handelend in de voorgaande.

Merk op dat dit voorbeeld, in de midden- en eindfase, ook gebruik maakt van verschillende principes, zoals dichtstbijzijnde wapen / dichtstbijzijnde doelwit, en wapens on-line houden, die verder zullen worden beschreven in dit hoofdstuk en in hoofdstuk 4.

Andere opties

Andere voorbeelden van toepassingen die volgens deze aanpak werken om efficiënt **in de tegenaanval** te gaan, zijn onder meer:

- Lichaamsbeweging gebruiken, zoals ontwijken, vissen of bukken (in plaats van blokkeren/ontvangen), terwijl hij vanuit de veilige positie tegenstoot.
- De arm(en) gebruiken om te blokkeren/ontvangen en tegelijkertijd de benen van de aanvaller te schoppen of anderszins te verstoren.

Optie 2: Een *extra* vorm van controle krijgen MET onze verdedigende beweging.

De vorige methode is een voorbeeld van hoe je ***tijdens het proces*** beide kanten van het lichaam tegelijkertijd kunt inschakelen, waarbij elk in een andere rol werkt... de ene hand werkt defensief, terwijl de andere hand offensief werkt.

Deze alternatieve optie om efficiënt te handelen ***tijdens het proces*** is het uitvoeren van een enkelvoudige initiële beweging die multifunctioneel is, maar niet complex en tijdrovend. Deze verdediging als aanval vereist dat de verdediger een meer *geavanceerde* defensieve manoeuvre uitvoert die principes "stapelt" (allemaal in detail besproken in dit hoofdstuk en in hoofdstuk 4 en 5), zoals de volgende:

- *Stretching technieken,*
- *Dichtstbijzijnde wapen/dichtstbijzijnde doel,*
- *Drie poorten/drie segmenten,*
- *Houd wapens on-line,*
- *Verenigd lichaam,*
- *Sterk versus zwak,*
- *Val de houding en het evenwicht van de tegenstander aan, en*
- *Zoek het middelpunt*

Een eenvoudig voorbeeld hiervan is een enkelvoudige blokkerende/ontvangende beweging die het evenwicht van de aanvaller verstoort, wat ook de tweede stoot van de aanvaller verstoort en een tegenstoot mogelijk maakt die minder snel door de aanvaller wordt geblokkeerd.

Als de aanvaller naar het middelste niveau slaat, ontvangt de verdediger de aanval met een middelhoge niveau "blok". Verdediger verschuift onmiddellijk van de vorm van het middelste blok als hij optilt met de elle boog en verstoort het evenwicht van de aanvaller. De verdediger countert dan.

Een middelste kruisingsblok kan, met een verandering in bereik en hoek, de houding en het evenwicht van een aanvaller verstoren.

Een tegenstoot toestaan terwijl de aanvaller gedestabiliseerd is.

Andere opties

Andere voorbeelden van toepassingen die werken om efficiënt te handelen *tijdens het proces*, zijn de volgende:

- Onmiddellijk slaan met de blokkerende hand (*dichtstbijzijnde wapen, dichtstbijzijnde doelwit*)
- Door een blokkerende/ontvangende beweging te gebruiken om de aanvaller te laten zakken, trekken of draaien, verstoort u zijn evenwicht, houding of positie, vergelijkbaar met het bovenstaande voorbeeld (*val de houding of het evenwicht van de tegenstander aan*)
- De aanvallende ledemaat van de aanvaller raken en aanzienlijke pijn veroorzaken.
- Opmerking: het is vrij moeilijk om een pijnniveau te veroorzaken dat voldoende afleidend is tijdens een adrenaline-aangedreven woordenwisseling.
- Het aanvallende ledemaat van de aanvaller breken, structurele schade veroorzaken EN aanzienlijke pijn veroorzaken (*overbruggingsprincipe - breuk*).

Samenvatting

Het begrijpen van timing is misschien wel **het** belangrijkste concept bij het begrijpen en beheersen van elk conflict, aangezien bijna alles dat *in het verleden* is gedaan een grotere kans op succes heeft, omdat het een kleinere kans heeft *om later* met succes door de partij te worden tegengegaan. Dit vormt een uitdaging in een zelfverdedigingsscenario wanneer de kansen zijn gestapeld tegen de verdediger. De verdediger moet alle mogelijke succesfactoren (toepassingsprincipe) aanwenden om zowel efficiënt als effectief '*tijdens het proces*' op te treden om te overleven.

In de Zuid-Chinese krijgstradities wordt vaak gezegd:

"Het maakt niet uit wie als eerste is begonnen, degene die het eerst op de bestemming is, is de winnaar."

-oftewel-

後人發，先人至
"Start later, maar kom eerder."

Agressie is vereist; passiviteit zal uiteindelijk verliezen.

Een overdreven defensieve krijgsstrategie is gedoemd om uiteindelijk te mislukken, wanneer de aanvaller niet snel en efficiënt wordt tegengehouden om zich te onderwerpen. Zelfs als onze wens in een bepaalde zelfverdedigingssituatie is om vriendelijk te zijn voor onze aanvaller, moeten we onmiddellijk overgaan van *jezelf verdedigen naar je aanvaller controleren* zonder voorbehoud of aarzeling. **In deze context is agressief zijn, ongeacht je beoogde controlemethode(n), een kwestie van inspanning, intensiteit en efficiëntie, niet van woede of adrenaline.** Integendeel, we willen tijdens een woordenwisseling zo ontspannen en hoogstaand mogelijk blijven.

Zodra we de tekenen hebben geïdentificeerd van een agressor die fysieke controle probeert uit te oefenen, moeten we onmiddellijk handelen om onszelf te verdedigen tegen schade, en bovendien handelen we totdat we de wil en/of het vermogen van de aanvaller om door te gaan, uitschakelen.

Als we ons niet volledig inzetten om de voortdurende dreiging van de aanvaller te stoppen, nemen we het risico dat elke extra seconde dat het conflict voortduurt, we het risico lopen een fout te maken en voor onze aanvaller te bezwijken. Alleen door onmiddellijk naar de tegencontrole te gaan, zullen we de aanvaller stoppen en het gevecht beëindigen.

Het is belangrijk om op de hoogte te zijn van de zelfverdedigingswetten waaraan we thuis, op het werk en in het openbaar onderworpen zijn. We moeten trainen om verschillende minder-dan-dodelijke opties tot onze beschikking te hebben, en ervoor te zorgen dat ze goed werken door onze principes en tactieken toe te passen op hun toepassing.

Ongeacht of we bij het begin van een woordenwisseling geloven dat we dodelijk of minder dan dodelijk geweld moeten toepassen op een aanvaller, is er geen nadeel aan het behandelen van elke feitelijke situatie met de volledige mentale toewijding (de agressieve druk) die nodig is om het te zien tot het succesvolle resultaat van jou veiligheid en waarbij je je aanvaller onder controle is.

Dit niveau van toewijding is fundamenteel voor een martiale traditie die zijn bruikbaarheid wil behouden, en de meeste van de gepresenteerde principes vertegenwoordigen verschillende opties om de *agressieve* kwaliteit van alle soorten martiale bewegingen te vergroten, inclusief zogenaamde *blokken*.

Strek je technieken uit als dat nodig is

Het is handig om te onthouden dat martiale *technieken* die solo worden beoefend, het equivalent zijn van een platonisch *ideaal*. Ze worden vaak uitgevoerd met de verwachting van een aanvaller die dezelfde hoogte heeft als de beoefenaar, direct voor de beoefenaar geplaatst.

Wanneer ze echter tegen een tegenstander of partner *worden toegepast*, moeten die bewegingen zich *uitstrekken* om een vorm aan te nemen die wordt beïnvloed door verschillende factoren, waaronder: doel, fysieke context en startpunt.

Doel

Zoals eerder vermeld, kan de verdediger bij het blokkeren/ontvangen van een aanval proberen de aanvaller met de blokkerende arm te slaan of uit balans te brengen om het blok effectiever toe te passen om te voorkomen dat hij vast komt te zitten **in het volgende**. Dit kan de timing, het traject of de energie (terugkaatsen, klef, etc.) veranderen om de secundaire doelen van het blok te ondersteunen.

Hetzelfde kan gelden voor een stoot. De verdediger kan de aanvaller een tegenstoot geven met als doel de stoot van de aanvaller tegelijkertijd met dezelfde arm af te weren, waarvoor mogelijk het traject of het doelwit van een "typische" stoot moet worden gewijzigd.

Fysieke context

Aangezien technieken doorgaans solo worden beoefend in overeenstemming met een denkbeeldige aanvaller van dezelfde lengte als de beoefenaar, vereist elk verschil in hoogte tussen de verdediger en de aanvaller onmiddellijke aanpassingen aan de plaatsing en typische zelfreferentiepunten voor de toegepaste techniek.

Evenzo moeten aanpassingen worden gemaakt voor technieken die worden toegepast onder hoeken die uit het midden zijn vanwege de relatieve posities van verdediger en aanvaller, evenals voor de kracht die door beide partijen wordt uitgeoefend.

Startpunt

Evenzo, wanneer echt een krijgstraditie wordt toegepast, beginnen niet alle technieken met de kunstgrepen van de trainingsomgeving.

Niet alle blokken of stoten beginnen vanuit de heup of een midden blok of een neerwaarts block voorbereidende houding. Technieken moeten uiteindelijk van de ene positie naar de andere vloeien zonder een kunstmatige halteplaats in te nemen.

Naast het oefenen voor de bovenstaande situaties, kan een grondige studie van combinaties enorm helpen om de overgangen van de ene techniek naar de andere soepel te laten verlopen om de ontwikkeling van live vaardigheden te ondersteunen.

Het wordt ten zeerste aanbevolen dat beoefenaars de overgang van alle belangrijke bewegingen in combinatie en per categorie onderzoeken, zodat ze kunnen bestuderen hoe standaardtechnieken zich uitstrekken van de ene positie naar de andere:

- Aanval op aanval
- Aanval op defensie
- Defensie tot Defensie
- Defensie om aan te vallen

De stoot van de verdediger wordt geblokkeerd door de aanvaller, die countert. De verdediger voert een hoog blok rechtstreeks vanuit de stootpositie uit.

Het midden blok van de verdediger wordt een geschikte startpositie voor een shuto (slag) naar de nek.

Houd er rekening mee dat het mogelijk is om een techniek zo ver uit te *rekken* dat deze niet meer effectief is voor de beoogde taak, omdat deze de hefboomwerking verliest of de kwetsbare gebieden van de verdediger niet afdekt. In zulke gevallen is het vaak nuttig om aanpassingen aan te brengen in het bereik, het voetenwerk en de hoek die je kiest, zodat de technieken binnen een bruikbaar bereik en positie blijven om dit probleem te voorkomen.

Ongeacht de reden waarom je je techniek misschien moet *oprekken* om je aan te passen aan een situatie of doel, het is belangrijk om te onthouden dat (in een progressief, vaardigheidsontwikkelingsmodel) de soloversie van een techniek het best kan worden gezien als ideaal, bedoeld om consistente en krachtige bewegingsgewoonten aan te leren, **zodat** de student veilig kan doorgaan naar partnertraining, waar de beweging vervolgens wordt toegepast in verschillende contexten die aanpassing van de solovorm vereisen.

Het toepassen van de techniek op *de juiste manier* voor de omstandigheden zou een drijfveer moeten zijn voor zowel leraar als leerling.

Kijk naar voren - Breng alle "geweren" naar voren

Omdat ze doorgaans gespecialiseerd zijn in verfijnde handbewegingen, geven de Zuid-Chinese stijlen van de Hakka- en Fuzhou-variëteiten de voorkeur aan naar voren gerichte houdingen die de armen van de beoefenaar dichtbij de aanvaller brengen, en "lokt" aanvallen naar de positie binnen het "frame" van de armen, zoals de volgende:

- "Bedelaar vraagt om rijst" (hat yi lo mai / 乞兒攞米) houding van zuidelijke bidsprinkhaanstijl,
- "Gericht naar de zon" (zhao yang / 招陽) houding van Yong Chun White Crane,
- "De gewrichten laten zinken" (che chat / 坐節) houding van Grand Ancestor boksen/Taizuquan,
- "Trillende handen" (chun chiu / 駿手) van Five Ancestor boxing/Ngo Cho Kun, of
- "Dubbel Trekken" (shuang chou / 雙抽) van White Eyebrow/Pak Mei

Zuidelijke Mantisstijl: "bedelaar vraagt om rijst" - houding gedemonstreerd door Sifu Alex Do.

Young Chun witte kraanvogelstijl: "blik in de richting van de zon" houding, gedemonstreerd door Sifu Pan Cheng Miao, foto genomen door Haki Celikkol

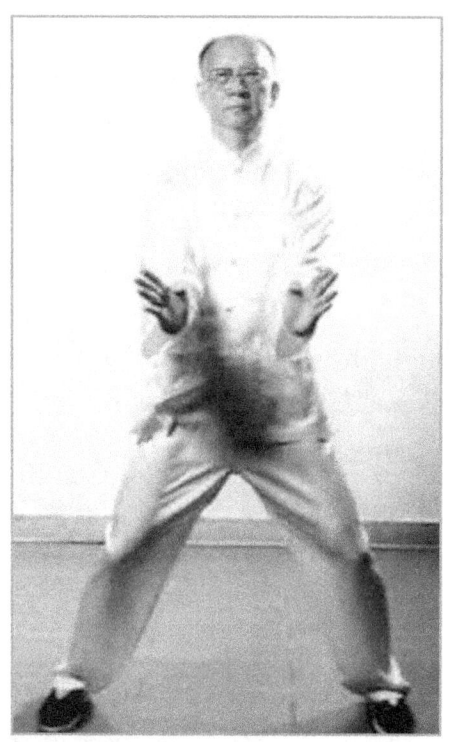 

Taizuquan's "laten zakken van de gewrichten", gedemonstreerd door Sifu Zhou Kun Min

Ngo Cho Kun's "trillende handen", gedemonstreerd door Sifu Alexander L Co

De vechthoudingen en theorieën van deze "aanverwante kunsten" belichten de waarde van houdingen zoals het Sanchin "frame" als een vechtwacht, en ondersteunen tal van toepassingsprincipes. De vormen van deze houdingen brengen niet alleen de armen dichter bij de aanvaller, maar ze beschermen ook de oksels, ribben, lever en milt, terwijl ze de aanvaller "lokken" om de middellijn van de verdediger aan te vallen en vervolgens worden omhuld door de armen van de verdediger, net zoals iemand die de buitenste poort van een kasteel zou kunnen doorbreken, om vervolgens in de vestingmuur van alle kanten te worden omsingeld en neergehaald. Hoewel deze positie extra blootstelling aan de lies van de verdediger met zich meebrengt, vertrouwen de meeste van deze verwante kunsten op beenmanoeuvres om het onderlichaam te verdedigen, terwijl de armen verdedigen en aanvallen in de "zone" van hun bovenlichaam.

Zoals vermeld in het gedeelte over het uitstrekken van technieken, moeten zelfs hulpmethodes zoals de "vuist in de heup" hand, die voorheen als een uitgangspositie werd beschouwd, worden aangepast en opnieuw geëvalueerd in een progressief trainingsmodel.

Pak Mei's "double pulling" hands (雙抽), demonstrated by Sifu Cheung Lai Chuen

Goju-ryu's Sanchin "frame" or "double middle block posture", demonstrated by the author

Een van de vele voordelen van het Sanchin-frame is dat het de nieuwe, *agressievere basispositie* wordt in vaardigheid ontwikkelingsoefeningen, vooral wanneer andere principes zoals *doorgaan naar voren, rond obstakels stromen* en *het dichtstbijzijnde wapen / dichtstbijzijnde doelwit* (besproken in de volgende sectie) worden bestudeerd en verwerkt.

Compromis aan de zijkant

Terwijl het houden van "alle wapens naar voren " het gebruik van het Sanchin- frame kenmerkt als een voorkeurs gevechtshouding, kent het Goju-ryu een andere veel voorkomende vechthouding, vooral in een lage zijwaartse houding (zoals shiko-dachi), wat suggereert in-close grappling scenario's. Bij deze alternatieve houding houdt je de achterste hand (die de grootste afstand van het doelwit heeft) voor het borstbeen en is zichtbaar in kata zoals saifa, seiunchin, shisochin, seipai en kururunfa.

Deze houding is een goede herinnering om alle handen zo dicht mogelijk bij de aanvaller te houden, waardoor de beoefenaar veel overbruggingsprincipes kan gebruiken (te vinden in hoofdstuk 4) om de gewenste tegenbeheersingsmaatregelen toe te passen.

Enkele voorbeelden van Goju-ryu kata:

Saifa (rughandslag/borstbeen)

Saifa (hamerslag/borstbeen)

Seiunchin (opstoot/borstbeen)

Seipai (openingspositie)

Shisochin (elleboog/borstbeen)

Kururunfa (elleboog/borstbeen)

De middellijn bewaken

Het laatste voorbeeld van dit principe in actie heeft voornamelijk betrekking op kunsten die ervoor kiezen om de middenlijn te beschermen in plaats van deze te 'openen'. De kunsten die er de voorkeur aan geven om onmiddellijk de middellijn te bedekken, vertrouwen meestal op de vechtstrategie die in Zuid-Taizuquan als volgt wordt beschreven:

> "De leidende hand valt aan als een lans, de achterste hand verdedigt als een schild."
>
> 前手取人如矛, 後手防己如盾
>
> Hoewel beide handen niet volledig zijn uitgestrekt, rust er één op de elleboog, wat doet denken aan het "versterkte blok" dat in sommige Okinawa Karate-stijlen wordt aangetroffen.

Verschillende krijgstradities geven de voorkeur aan deze optie, waaronder:

Motobu Kenpo's Meotote (夫婦手)
Foto met dank aan Patrick McCarthy

Wing Chun's "asking hands" (man sau / 問手)
Gedomstreerd door Sifu Robert Chu

Sommige stijlen die een uitnodigende middellijn gebruiken, behouden ook de optie om de middellijn te bedekken, afhankelijk van de voorkeur of situatie.

Ongeacht de optie(s) die u verkiest, of waar uw kunst zich op richt, het is belangrijk om de volgende punten in overweging te nemen:

- De technieken van je kunst zullen zich uiteindelijk **_uitstrekken_** vanaf deze meest typische uitgangspunten, en
- **_Vanuit_** een toepassingsperspectief, zal zelden een vuist terug getrokken worden naar de heup of ribben.

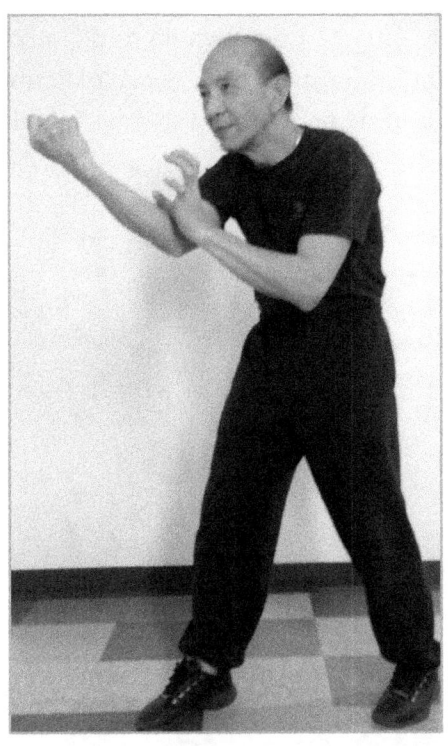

Sifu Simon Lui (雷龍春) demonstrating Pak Mei's "fierce tiger guarding gate" (猛虎看門)

Sifu Mark Wiley demonstrating Ngo Cho Kun's Centerline Posture (子午中肢)

Dichtstbijzijnde wapen, dichtstbijzijnde doelwit - Je bent er al grotendeels

Dichtstbijzijnde wapen, dichtstbijzijnde doelwit klinkt misschien in eerste instantie als een principe dat zo duidelijk is dat het niet genoemd hoeft te worden; Echter, net als veel andere schijnbaar gemeenschappelijke principes, als je niet consequent zoekt naar mogelijkheden om het principe in je training op te nemen, en het regelmatig leert en oefent, zal het worden gemist of vergeten, wat leidt tot gemiste kansen, inefficiënt oefening, en gebrek aan potentiële efficiëntie in je krijgstoepassingen.

Een van de belangrijkste trainingsmethoden die dit principe van het *dichtstbijzijnde wapen en het dichtstbijzijnde doelwit* kan ondersteunen, is de studie van overgangen van blokkerende bewegingen naar onmiddellijke tegenaanvallen met dezelfde hand.

Hieronder staan enkele eenvoudige voorbeelden van veelvoorkomende blokkeringsposities, die uitstekende opties zijn om te verkennen in fundamentele kumi-waza (partnertraining), zoals sandangi (hoge, gemiddelde, lage blokkerings-/stoottraining). Aanvullende voorbeelden vindt u in de paragraaf over drie segmenten in hoofdstuk 4.

Voorbeelden

Een hoge blok aan de binnenkant leent zich voor een onmiddellijke uraken (backfist) naar het gezicht.

Een middelste dwarsblok van buitenaf is al 90% van de weg naar een vitaal doelwit.

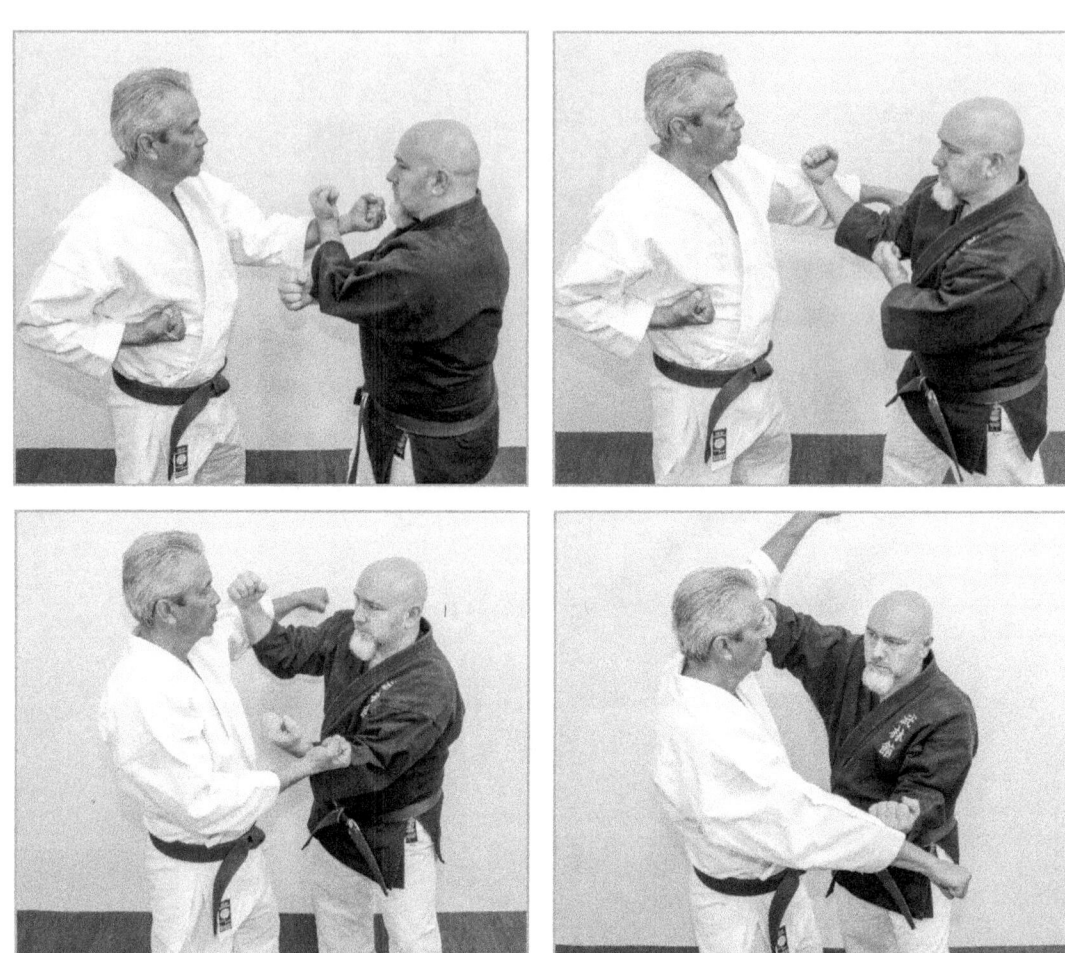

Een middelste blok aan de binnenkant kan door de opwaartse druk "omhoog leiden" en overgaan in een ronde stoot (voorbeeld van Seipai kata).

Een kruisblok aan de buitenkant kan ook de lijn van de arm volgen om de nek te sluiten (van Gekisai kata).

 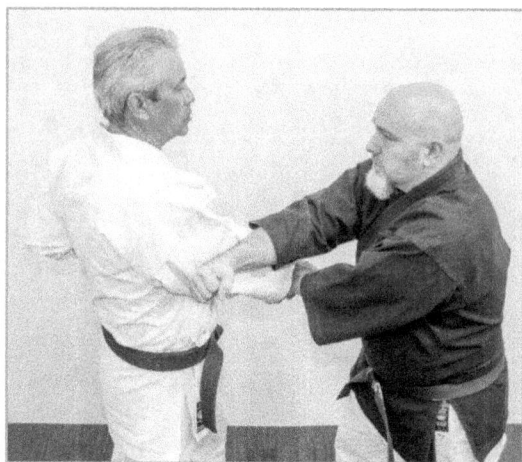

Een lage blok kan zowel het gezicht aanvallen tijdens de vroege fase als direct op de lever slaan, eenmaal in de definitieve positie.

Ga vooruit, verwijder obstakels - Druk op de aanval

Hoewel we de waarde van het naar voren houden van de handen al hebben besproken (met het gezicht naar voren), moeten we voor ogen houden dat trainingspraktijk eenvoudig moet kunnen worden overgedragen naar toepassingsscenario's, en een bekend voorbeeld hiervan is de "hand in de heup" hand in veel krijgskunst tradities.

Vanwege dit trainingsdevies is vaak een van de moeilijkste progressies voor traditionele krijgskunstenaars om in hun training te implementeren het *dichtstbijzijnde wapen, het dichtstbijzijnde doelwit* ... omdat training overvloedige oefening biedt om de "*hand naar de heup*" positie te brengen om een nieuwe techniek te beginnen .

Omdat vechten op een clinch-range vaak meer afhankelijk is van gevoel en druk dan visuele aanwijzingen, is het zeer waarschijnlijk dat een tegenstander een achterwaartse beweging van de verdediger zal voelen en naar binnen stormt om de leegte die door de verdediger is gecreëerd te vullen. Net als een gevechtslinie, opent een terugtrekking aan de kant van de verdediger gemakkelijk een opmars aan de kant van de aanvaller. Een agressieve mentaliteit (nogmaals, inspanning en intensiteit, geen woede) in combinatie met tactieken die het voortbewegen in plaats van achteruit ondersteunen, kan de verdediger helpen om sneller van **het volgende**, door **het tijdens**, naar **het vorige te gaan**, waar ze effectiever zullen zijn.

Hoewel het om de genoemde redenen nuttig is om de aanval in de voorwaartse richting te duwen, zal elke tegenaanval van de verdediger waarschijnlijk worden geblokkeerd of op een andere manier worden gedwarsboomd door de aanvaller. Daarom moet onze training ook ondersteuning bieden voor het leveren van continue aanvallen waarbij wordt aangenomen dat obstakels in de weg worden geplaatst, alleen om rond te stromen of te verwijderen, zodat de verdedigers tegenmaatregelen uiteindelijk volledig kunnen worden uitgeoefend. Wanneer we een obstakel tegenkomen, moeten we duwen, trekken, hoog en laag aanvallen, onze hoek, druk, snelheid en timing veranderen om ons doelwit te vinden en onze wil over die van de aanvaller uit te voeren.

Sommige Chinese kunsten beschrijven dit als het principe van "lekken" (漏) of "stromen" (流), omdat het beschrijft hoe een druppel water zijn weg vindt:

> "Water geeft geen weerstand. Water vloeit. Als je je hand erin steekt, voel je alleen maar een streling. Water is geen stevige muur, het houdt je niet tegen. Maar water gaat altijd waar het heen wil, en uiteindelijk kan niets het tegenhouden. Water heeft geduld. Druppelend water slijt een steen weg. Onthoud dat, mijn kind. Onthoud dat je half water bent.
>
> Als je een obstakel niet kunt passeren, ga er dan omheen. Water doet dat ook."
>
> -Margaret Atwood, *The Penelopiad*

In White Crane bespreken ze dit principe met de volgende zin:

"als de hand zich uitrijkt, slaat die 3 maal"

一出三打

Het is niet de bedoeling om te focussen op de nummer drie, maar dat in combinatie met andere principes zoals het *dichtstbijzijnde wapen, het dichtstbijzijnde doelwit* en de *drie segmenten* (hoofdstuk 4), de arm in staat moet zijn om op meerdere manieren te raken of anderszins te *controleren* voordat hij "thuis" terugkeert.

Hier volgen enkele voorbeelden van het doorzetten van de aanval terwijl je obstakels opruimt:

Wanneer de verdediger "onder" de elleboog wordt geblokkeerd, is omrollen en doorgaan met een backfist een optie.

Wanneer het diep en/of direct in de plooi van de elleboog wordt geblokkeerd, opent het middelste blok het midden voor een uppercut naar de kin (van Sanchin kata) terwijl de stoot van de aanvaller naar buiten wordt afgebogen.

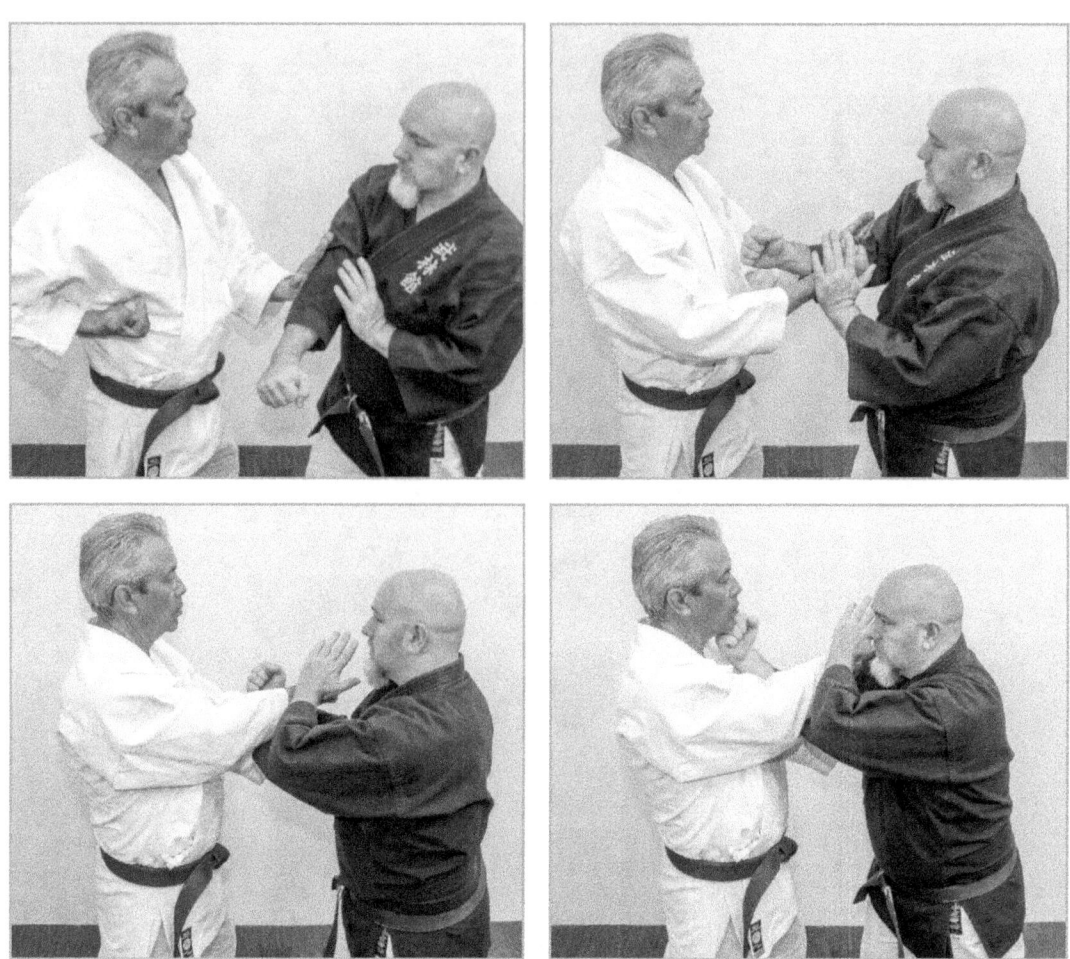

Een ander voorbeeld demonstreert het openen van het centrum, terwijl de stoot van de aanvaller naar binnen wordt afgebogen.

De stoot van de verdediger wordt naar boven afgebogen, dus de verdediger gebruikt dat contactpunt om de obstructie van de aanvaller naar beneden te trekken, waardoor een uppercut aan de zijkant van de kaak mogelijk is.

Wanneer de stoot van de verdediger naar beneden wordt gedrukt, gaat deze verder in een cirkelvormige richting om de aanvaller op de slaap te raken (een ander voorbeeld van Seipai-kata).

Zoals we eerder hebben besproken, zijn principes doorgaans met elkaar verbonden. Sommige principes beschrijven een strategie, terwijl andere een tactiek beschrijven die die strategie ondersteunt.

Ga vooruit, obstakels opruimen is een principe dat mogelijk wordt gemaakt door *naar voren* te kijken en te proberen altijd het *dichtstbijzijnde wapen* te gebruiken tegen het *dichtstbijzijnde doelwit*. Het is een voorbeeld van een *agressieve* optie voor elk zelfverdedigingsscenario.

Vul de lege ruimte (timing optimaliseren)

Een ding dat we duidelijk niet willen doen, is een driedelige combinatie (blokkeren, overnemen, slaan) uitvoeren tegen een enkelvoudige rechtstreekse aanval. Dit is een onrealistische en potentieel gevaarlijke training, aangezien vluchtige analyse aantoont dat in de tijd dat de verdediger drie bewegingen uitvoert, men niet kan aannemen of garanderen dat de aanvaller niet nog twee keer zal slaan. Verschillen in reactietijd bij mensen ondersteunen het idee niet dat sommige mensen minstens drie keer sneller zijn dan anderen.

Dit voorbeeld, en degenen die erg op elkaar lijken, zijn gebruikelijk in traditionele vechtkunsten:

Een veelvoorkomend antwoord van drie tellingen:
ontvangen/overdracht/tegenaanval

Om te voorkomen dat we vervallen in inefficiënte of ineffectieve trainingsvormen die kunnen worden overgenomen in onze toepassingsscenario's, en om in plaats daarvan gefocust te blijven op wat toepassingen geavanceerd maakt, kunnen we de lessen van reeds besproken principes overwegen en implementeren, zoals de onderstaande:

- *Timing*
- *Strek je technieken uit*
- *Agressie*
- *Dichtstbijzijnde wapen, dichtstbijzijnde doelwit*

Een toepassingsmethode is om continu beide kanten van je lichaam te gebruiken, technieken van zowel de linker- als de rechterkant van het lichaam met elkaar te verweven in een vloeiende overgang van verdediging naar aanval, en op een manier die de doelen ondersteunt om van het volgende naar het andere te gaan tijdens en in het voorgaande of simpelweg de controle over het voorgaande behouden.

Eén **lesmethode** voor het ontwikkelen van een efficiënte repertoire van opties die ervoor zorgt dat je de mogelijkheid hebt om op elke "aanval" te counteren (of anderszins *te controleren*), volgt deze trainingsopbouw:

1. Oefen een blokkeerbeweging met één hand (blokkeren op "tel" #1).

2. Oefen een blokkeerbeweging met één hand met onmiddellijke overgang naar een tegenaanval met dezelfde hand (blokkeren op tel #1, tegenaanval op tel #2).

3. Oefen een blokkeerbeweging met één hand en sla tegelijkertijd met de andere hand (blok- en tegenaanval beide op tel #1).

4. Combineer progressie 2 & 3: Oefen een blokkeerbeweging met één hand en sla tegelijkertijd met de andere hand. Doe onmiddellijk een tegenaanval met de blokkerende hand (blokkeer en tegenaanval beide op slag #1 en voer een extra slag uit op slag 2).

We zullen deze progressie hieronder bespreken en demonstreren.

Progressie 1 – Blokkeren met één hand

In dit stadium oefent de student een blokkerings-/ontvangsttechniek solo, bewegend en met een partner om de vaardigheden te verwerven die verband houden met effectief ontvangen: bereik, timing, plaatsing, druk, hoek, structuur, enz.

Vooruitgang 2 - Blokkeren met één hand met onmiddellijke tegenaanval

In de tweede oefenvorm oefent de student om snel en efficiënt over te stappen van de ontvangende techniek naar een counterstrike. Deze manier van trainen wordt geïllustreerd in de Goju-ryu kata, Tensho, en geeft uitdrukking aan het concept van kettingbewegingen in serie.

Opmerking: in het vorige gedeelte over dichtstbijzijnde wapen, dichtstbijzijnde doelwit werden ook verschillende voorbeelden van "progressie #2" gepresenteerd.

Progressie 3 – Blokkeer met één hand en gelijktijdige aanval met de andere hand.

De derde progressieve oefenvorm vereist dat de student beide zijden van het lichaam coördineert om twee ongelijksoortige bewegingen tegelijkertijd uit te voeren. Deze bewegingsstijl is cruciaal om effectief te kunnen handelen *tijdens*.

Progressie 4 – Combineer progressies #3 en #2

De vierde progressie combineert progressies #3 en #2 om ervoor te zorgen dat beide armen voldoende betrokken zijn op de eerste slag, waardoor een aanval op de eerste slag mogelijk is, en dan de blokkerende/ontvangende hand onmiddellijk over te zetten naar een secundaire slag van het dichtstbijzijnde wapen naar het dichtstbijzijnde doelwit. In dit scenario handelt de verdediger tijdens de eerste slag (toegeschreven aan progressie #3), en gaat hij onmiddellijk over van verdediging naar tegenaanval met de blokkerende hand (progressie #2) om de positie van de verdediger in de voorgaande slag veilig te stellen.

Progressie 4 – Combineer progressies #3 en #2 (overzijde)

Deze methoden vereisen dat de beoefenaar technieken uitrekt die verder gaan dan de ideale/solovorm om over te gaan naar andere locaties dan de "heup positie" tussen bewegingen, en vanuit de huidige positie rechtstreeks naar het dichtstbijzijnde doel te gaan. Ongeacht welke trainingsprogressies je gebruikt bij je training en lesgeven, het is belangrijk om te onthouden dat snelheid alleen vaak niet de primaire oplossing voor een probleem is, aangezien vechtsporters niet kunnen garanderen dat ze 2-3 keer zo snel zullen zijn als een aanvaller. Het wordt aanbevolen voor instructeurs om andere principes te introduceren die worden gebruikt ter ondersteuning van les- en trainingsmethodologieën die het vertrouwen op alleen snelle spiertrekkingen vermijden.

Flankeren, positioneren en de *juiste* hand

Een van de meest voorkomende principes die bij vechtkunsten worden gedeeld, is 'naar buiten gaan'. Om de relatieve verdiensten van dit gemeenschappelijke principe te bespreken, zullen we beginnen met het bespreken van enkele gemeenschappelijke standpunten die men tijdens een ontmoeting kan zoeken of vinden. Hoewel ze niet uitputtend zijn, zijn ze nuttig bij het bespreken van trainingsaannames en het concept van een goede hand.

De volgende hoofdposities worden beschreven door de positie van de verdediger ten opzichte van de aanvaller:

1. Dubbel binnen
2. Dubbel buiten
3. Overlappend (hoofd binnen of buiten)
4. Buiten
5. Flanken (wat mensen meestal bedoelen als ze zeggen "naar de zijkant gaan")
6. Geflankeerd

Dubbele binnen positie

In de dubbele binnen positie wordt de verdediger "omsingeld" door de aanvaller, wat zenuwslopend kan zijn. Gelukkig wordt dit negatieve aspect gecompenseerd door het voordeel van relatief onbelemmerde toegang tot de meest kwetsbare punten van de anatomie van de aanvaller (keel, liezen, ogen, zwaardvormig, milt, lever, enz.).

Dubbele binnen positie

Dubbele buitenpositie

Omgekeerd voelt de dubbele buitenpositie als een dominante positie, omdat we de aanvaller omsingelen; de aanvaller heeft echter gemakkelijker toegang tot onze meest kwetsbare punten, dus we moeten voorzichtig zijn om ze in deze positie te beschermen.

Dubbele buitenpositie

Overlappend (hoofd binnen of buiten)

In de "overlappende" positie bevindt een van onze armen zich in de armen van de aanvaller, terwijl de andere zich buiten bevindt. Deze positie ondersteunt toepassingen die een van de armen van de aanvaller tussen de onze insluiten. De positie van het hoofd binnen of buiten de armen van de aanvaller moet worden onderzocht voor zowel defensieve als offensieve mogelijkheden.

 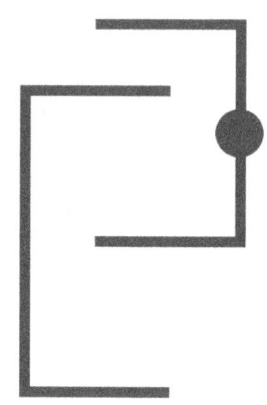

Overlappend (hoofd binnen)

 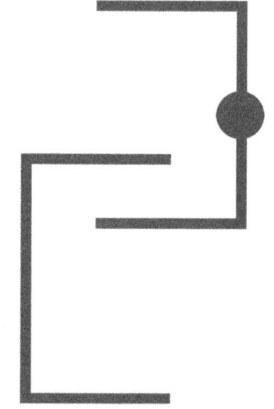

Overlappend (hoofd buiten)

Een punt van voorzichtigheid is dat de overlappende positie grotendeels hetzelfde is voor beide mensen, omdat het relatief gelijke positionele voordelen heeft voor zowel de aanvaller als de verdediger op vrijwel dezelfde manier een gemeenschappelijke worp, O soto gari (buitenste oogstworp) is een "gespiegelde" houding voor beide deelnemers. Wat O soto gari uiteindelijk succesvol en moeilijk te bestrijden maakt, zijn de andere principes die het succes ondersteunen, zoals: kuzushi (het doorbreken van het evenwicht), tsukuri (complementaire lichaamspositionering) en kake (uitvoering van de juiste energie om de worp te voltooien).

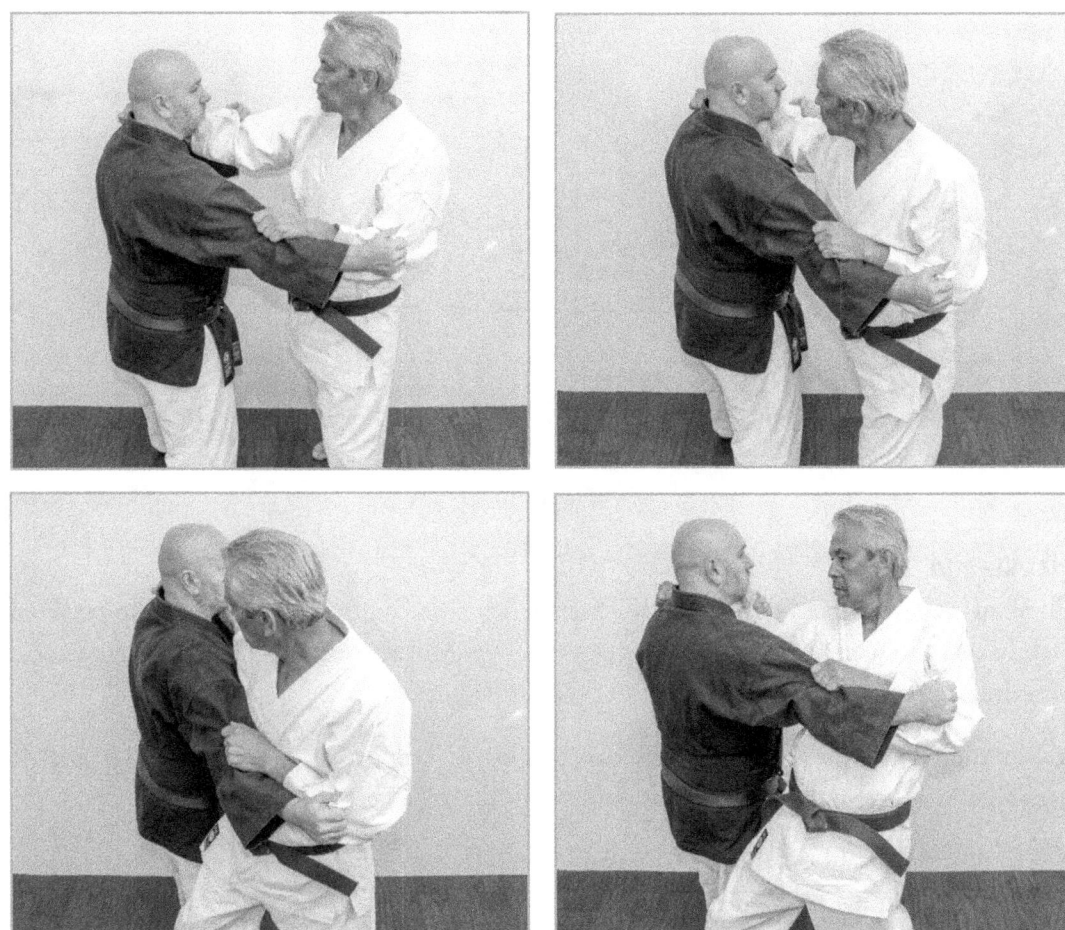

Aanvaller probeert verdediger te gooien met O-soto-gari. Posities zijn gespiegeld. Verdediger heeft de mogelijkheid om met exact dezelfde techniek tegen te gaan als er geen andere factoren aanwezig zijn om het succes ervan te verzekeren.

Buiten

Buiten is de positie die het meest wordt gebruikt in traditionele karatetraining. Veel fundamentele kumite worden typisch in deze positie uitgevoerd, net als kakie (Goju-ryu's fundamentele oefening met plakkerige handen). In deze positie zijn we meestal bezig met de arm van onze aanvaller, rechts aan-rechts of links-aan-links, en zowel de verste hand van de verdediger als de aanvaller zijn in wezen niet in een bruikbare positie.

Buiten

Flankerend

Flanken is een speciaal geval van de "buiten"-positie, waarbij de flankerende persoon zich in de buitenste positie bevindt, maar naar het midden van de geflankeerde persoon is gedraaid.

Vanaf hier zijn we meestal buiten het bruikbare bereik van de verre hand van de aanvaller, en onze flankerende hand kan:

- Reik rond het hoofd/nek
- Pak de tegenovergestelde schouder van achteren vast
- Het evenwicht van de aanvaller duwen of verstoren

 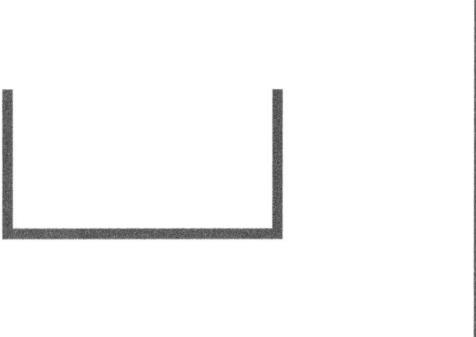

Flankerend

Geflankeerd (en "zelf-geflankeerd")

Wanneer een verdediger wordt geflankeerd, heeft de aanvaller dezelfde flankerende voordelen als hierboven beschreven, maar met de verdediger in het nadeel. Hoewel dit misschien vanzelfsprekend lijkt; wat niet zo voor de hand liggend is, is dat de acties van de verdediger gemakkelijk kunnen leiden tot een situatie waarin de verdediger zichzelf in een geflankeerde situatie plaatst, wat we definiëren als zelf-geflankeerd.

In het onderstaande voorbeeld heeft de verdediger (onderaan de afbeelding) de rechterarm van de aanvaller met de eigen rechterarm vanuit de binnen positie aangeraakt. In dit scenario was het niet de actie van de aanvaller die ervoor zorgde dat de verdediger werd geflankeerd, maar de keuze van de verdediger om zijn rechterarm vanuit de binnenste positie op de rechterarm van de aanvaller te plaatsen. We noemen dit een 'verkeerde hand'-opdracht.

Self-Flanked ("Wrong" hand engagement) – Defender on bottom

Een zelf flankerende situatie, waardoor de "verkeerde" hand van de verdediger wordt geforceerd, kan ook optreden wanneer de aanvaller een van de armen van de verdediger vasthoudt of op een andere manier vasthoudt. In dergelijke gevallen is het mogelijk niet te vermijden dat er sprake is van een foute hand.

Aanvaller grijpt en trekt ons met "dezelfde" hand naar de overkant en slaat dan. Verdediger reageert met "verkeerde" hand.

Analyse

Bij het bekijken van de belangrijkste positionele opties tussen aanvaller en verdediger, zou het duidelijk moeten worden dat *geflankeerd* of *zelf geflankeerd* mogelijk de slechtste positie is voor de verdediger om zich in te bevinden, omdat het de "achterhand" van de verdediger grotendeels uit het gevecht verwijdert.

Om dezelfde reden is *flankeren* tactisch een superieure positie omdat het de verre hand van de aanvaller grotendeels uit het effectieve bereik verwijdert, waardoor de beschikbare hulpmiddelen van de aanvaller efficiënt worden gehalveerd. Het is belangrijk om te begrijpen dat flankeren een van de weinige echt superieure posities is, omdat het de tools van de andere partij in het gevecht verandert, vergelijkbaar met iemand die een wapen vasthoudt.

Het is ook belangrijk om te bedenken dat *flankeren*, en naar buiten bewegen in het algemeen, een zeer defensieve manoeuvre is. Hoezo dat? Omdat de effecten dienen om de volgende resultaten uit te voeren:

1. Vermijd contact met de andere hand van de aanvaller, en

2. Ga weg van de meest kwetsbare doelen (ogen, keel, borstbeen, lever, milt, blaas en lies) ten gunste van de veiligheid van flankeren.

Hoewel de andere belangrijke posities *(dubbel binnen, dubbel buiten, overlappend en buiten)* allemaal specifieke tactische sterke en zwakke punten en opties hebben, vallen hun toepassingen buiten het bestek van dit boek, dus gaan we verder met een concept dat helpt bij het ondersteunen van een beoefenaar vermogen om consequent een tegenstander te flankeren: "juiste" hand.

De juiste hand is de hand die wordt gebruikt wanneer een tegenstander aanvalt, zodat de verdediger geen zelf flankerende situatie creëert.

De juiste hand is de linkerhand tegen de rechterstoot van een aanvaller. Als de verdediger de rechterhand van de aanvaller met zijn eigen rechterhand had gebruikt (in vergelijking met de verkeerde hand), zou hij bijzonder kwetsbaar zijn voor de follow-up van de linkerhand van de tegenstander. Omdat het juiste handconcept een beoefenaar niet alleen helpt zichzelf te flankeren, maar ook een potentiële flankerende positie instelt ten opzichte van de aanvaller, waardoor de vaardigheid wordt ontwikkeld van aanvallen met de juiste hand biedt de beoefenaar meerdere positionele kansen door het verwerven van een enkele vaardigheden.

Het volgende is een voorbeeld van een oefening die de plaatsing van de juiste hand ondersteunt, het vermijden van zelf flankerende scenario's, en uiteindelijk een van de gebruikelijke overbruggingsopties die volledige flankering ondersteunt, die van overdracht (zie overbrugging-overdracht in hoofdstuk 5) .

"Juiste" handboor

Stap 1 – Gever (in het zwart) en ontvanger (in het wit) stellen midden frames vast. Stap 2 - Gever reikt snel uit om de solar plexus van de ontvanger aan te raken. Stap 3 – Ontvanger blokkeert met de "juiste" (dezelfde kant) hand.

Stap 4 (optionele voortgang) - Ontvanger "verplaatst" de hand van de Gever en gaat naar de buitenste positie.

Enkele belangrijke punten met betrekking tot deze oefening, afhankelijk van de rol:

Gever: niet telegraferen. Oefen het gebruik van een krampachtige beweging om vanuit een ontspannen toestand naar voren te reiken en trek niet meteen terug.

Ontvanger: Duw niet naar beneden, maar druk in de richting van het centrum van de aanvaller. De fundamentele techniek hier is vergelijkbaar met chudan-uchi-uke (middenblok naar binnen), niet osae-uke (naar beneden drukkend blok).

Over stap 4 - Overdracht: Als u klaar bent, voegt u de secundaire beweging van een typisch tweehandenblok toe om het contact van de juiste hand naar de secundaire hand over te brengen. Dat maakt de juiste hand vrij om de tegenstander volledig te flankeren.

Opmerking: als we onze juiste hand niet verplaatsen tijdens het flankeren, blijven we in de buitenste of overlappende positie in plaats van in de flankerende positie, omdat onze oorspronkelijke juiste hand niet achter de persoon kan reiken.

Zodra de oefening de juiste vaardigheden van het bovenlichaam heeft ingebouwd, moet de juiste handoefening worden gekoppeld aan stappen en voetenwerk om de verdediger naar de flankpositie te brengen, op de juiste manier gedraaid om hun verre hand in positie te brengen.

De "4e deur" forceren (四門)

In sommige Chinese vechtkunsten wordt het gebied buiten de beide armen en achter het lichaam (posterieur/dorsaal) de 4e deur genoemd. Dit is de locatie waar de verdediger zich positioneert tijdens het flankeren.

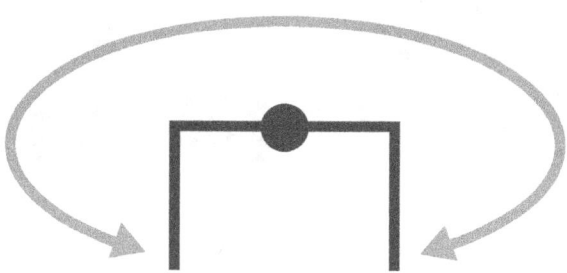

Er zijn echter twee primaire methoden om de flankerende positie te bereiken. Een daarvan is hierboven beschreven, namelijk "naar de 4e deur gaan" door voetenwerk toe te passen op de juiste handoefening en de brug over te brengen van de juiste hand naar de secundaire hand, waarbij de vaardigheden van het boven- en onderlichaam worden gecombineerd om een aanvaller te flankeren.

De andere is om de 4e deur te "forceren". Wanneer je de 4e deur forceert, gebruik je een of beide armen om de aanvaller zo te draaien dat de 4e deur van de aanvaller beweegt, waardoor de verdediger erin wordt geplaatst.

Een paar voorbeelden:

Voorbeeld 1 – Vanaf een buitenaf positie

Verdediger ontvangt de stoot van de aanvaller en roteert de aanvaller door druk uit te oefenen op de elleboog. Verdediger past wurggreep toe vanaf de achterkant (van Saifa kata).

Voorbeeld 2 - Vanaf de overlappende positie

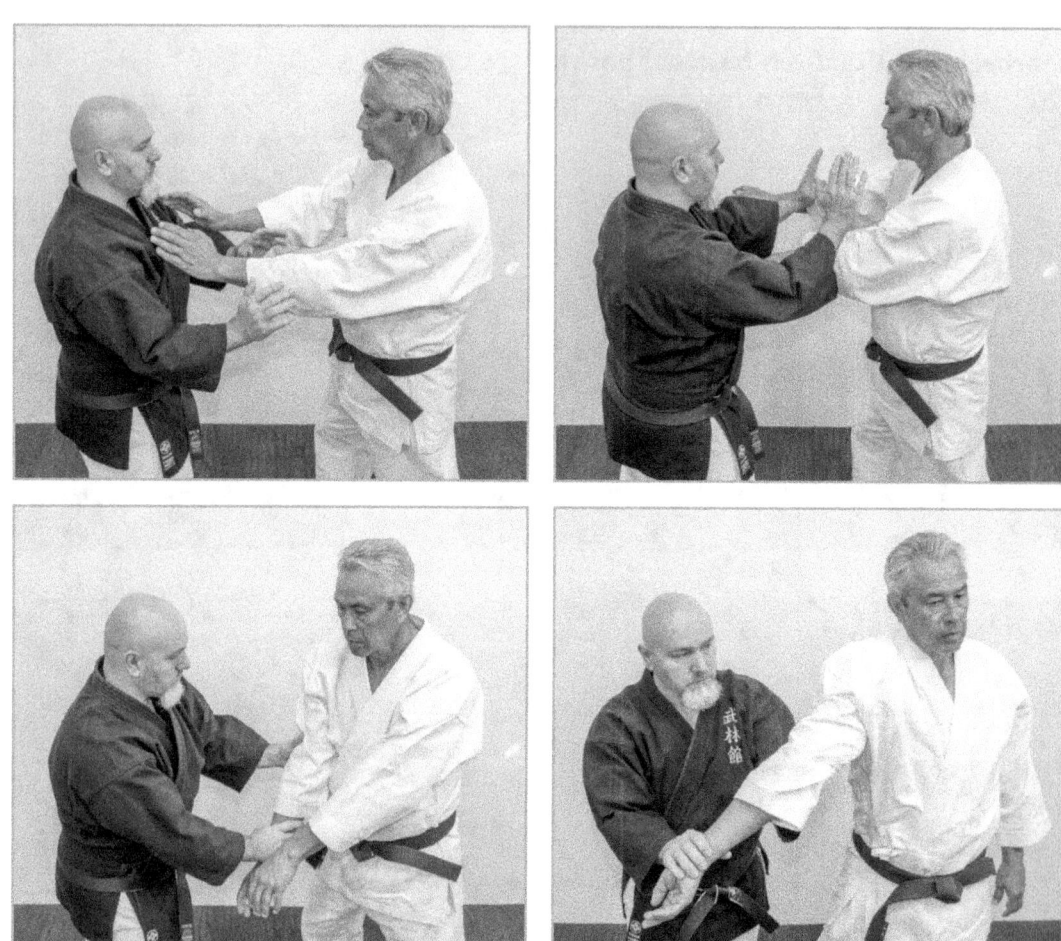

Verdediger krijgt een dubbele duw van de aanvaller, waarbij de linkerarm van de aanvaller onderdoor gaat en hem zo draait dat de verdediger de aanvaller nu flankeert. Verdediger breekt de elleboog van de aanvaller (toepassing van sukui uke/scheppend blok van saifa, seiunchin, seisan, kururunfa en suparinpei kata).

Opties combineren

Er zijn twee hoofdopties voor flankeren: 1) *naar de flank gaan* en 2) *de 4e deur forceren*. Deze hoofdopties moeten worden onderzocht en getraind. Er is ook een derde optie om te verkennen, en dat is het combineren van de twee hoofdopties.

Om het even effectief te maken, hoeft de verdediger slechts half zo ver te bewegen als de aanvaller de helft van de doorgaans vereiste hoeveelheid te gaan draaien. Het kan soms veiliger zijn om minder te bewegen terwijl je in contact bent met de aanvaller, en kan het gemakkelijker zijn om de aanvaller half zo ver te draaien, maar dat hangt af van de situatie die er speelt.

Samenvatting

Ongeacht uw (of uw krijgskunststijl) voorkeur(en) voor de positie, in een realistische schermutseling, heeft een verdediger een beperkt vermogen om de context en beschikbare posities te forceren. Vanwege het chaotische karakter van gevechten is het waardevol om een aantal scenario's en opties te begrijpen en erop te trainen, terwijl je de relatieve sterke en zwakke punten van elk optie begrijpt.

Hierboven beschreven zijn een paar "hands up" scenario's. De training moet ook scenario's bevatten waarin de verdediger volledig wordt verrast met handen omlaag en tegen een muur geduwd, beginnend in een wurggreep, etc. Aangezien de variaties oneindig zijn, raden we aan om kerntraining te ontwikkelen rond verschillende veelvoorkomende scenario's en vervolgens te vertrouwen op een meer vrije vorm oefening om studenten de ervaring te geven van het toepassen en het overbrengen van hun vaardigheden (hoofdstuk 1) in verschillende posities die moeilijk te voorzien zijn. Een voorbeeld van oefenen met een progressieve lesmethode wordt gepresenteerd in hoofdstuk 6.

Hoofdstuk samenvatting

In hoofdstuk 3 hebben we de timing besproken... de na, tijdens en voor gedefinieerd, en de unieke uitdaging besproken om van na, via tijdens naar voor te gaan. Agressie werd niet gedefinieerd als een emotionele eigenschap, maar meer als een "druk" of een noodzaak om zo efficiënt mogelijk van verdediging naar tegencontrole te gaan.

We hebben verschillende redenen beschreven waarom de basisbewegingen van een kunst moeten worden verlengd om het nut ervan te ondersteunen, evenals waarom er talloze redenen en houdingen zijn die het doel ondersteunen om de handen zo dicht mogelijk bij de aanvaller te houden (met het gezicht naar voren), waar ze gemakkelijke doelen kunnen vinden (dichtstbijzijnde wapen, dichtstbijzijnde doelwit).

In een vergelijkbare context hebben we geanalyseerd waarom continu vooruitgaan, in plaats van terugtrekken, helpt bij het ondersteunen van efficiënte en effectieve controle, terwijl we weten dat obstakels in de weg worden geplaatst, alleen om rond te stromen of te verwijderen.

We bespraken een progressie van de training die de verdediger ondersteunt bij het verweven van verdediging en aanval op een manier die zowel ruimte als tijd vult, en de verdediger helpen het initiatief te stelen, en de aanvaller weinig kans laat geven om het initiatief terug te krijgen.

Ten slotte hebben we een aantal belangrijke posities bekeken waarin de verdediger en aanvaller zich kunnen bevinden en hebben we een diepe duik genomen in hoe je een aanvaller kunt flankeren en hoe je flankeren bij jezelf kunt vermijden door de juiste handreactie te trainen.

4

Xing (De Hulpmiddelen)

> Chapter 4 discusses some specific details about anatomical tools. In Goju-ryu, like many Southern Chinese martial arts, there is a focus on upper body techniques over kicking, so most of these representative principles focus on the bridges (arms).
>
> These principles tend to suggest creative ways to ensure your upper-body techniques are safe, efficient and multi-purpose.

Drie poorten en drie segmenten

Zoals vermeld in het gedeelte over flankeren, positioneren en de juiste hand in het vorige hoofdstuk, bevinden de meeste vitale punten zich aan de binnenkant van het lichaam. Buiten dat om wordt het "centrum" van het lichaam weergegeven door de lijn van de wervelkolom ongeveer en vertegenwoordigt het rotatiecentrum en het zwaartepunt.

Klappen gericht op ons centrum zijn bijzonder schadelijk ... hun energie heeft een volledige invloed op onze fysiologie en houding, en de energie wordt niet gemakkelijk in rotatie verdreven. Evenzo hebben duwen of trekken die verbinding maken met ons centrum het grootste effect. Een diepere analyse van het gebruik van rotatie vanwege de defensieve en offensieve waarde ervan valt buiten het bestek van dit boek; echter, rotatie-energie en rotatiepositionering van een tegenstander zijn waardevolle hulpmiddelen en een diepgaande studie waard.

In een krijgskunst met lege handen hebben de 'gereedschappen' die we hebben betrekking op het menselijk lichaam, waarbij de belangrijkste instrumenten om met de wereld om te gaan onze armen zijn. Onze armen zijn erg belangrijk omdat ze transportmiddelen zijn voor onze zenuwrijke handen, die we gebruiken om onze omgeving te manipuleren. Gezien de nabijheid van onze armen tot de meeste van onze vitale organen, inclusief de hersenen, zijn ze ons belangrijkste hulpmiddel om ons te verdedigen tegen aanvallen.

Nerve-density Drawing of the Human Body
Image source: https://www.art.com/products/p22105168571-sa-i7527371/peter-gardiner-motor-and-sensory-homunculi.htm

Omdat onze handen zo dicht opeengepakt zijn met zenuwen, is het gebruikelijk om hand gerelateerde details en toepassingen te benadrukken, terwijl we de rest van onze arm onder benutten. Onze armen bestaan uit drie hoofdonderdelen: de hand, onderarm en bovenarm, die wordt gescheiden door de pols- en elleboogewrichten, en verbonden met het lichaam door het schoudergewricht.

De drie belangrijkste componenten van de arm:

- Hand/Pols
- Onderarm/elleboog
- Bovenarm/Schouder

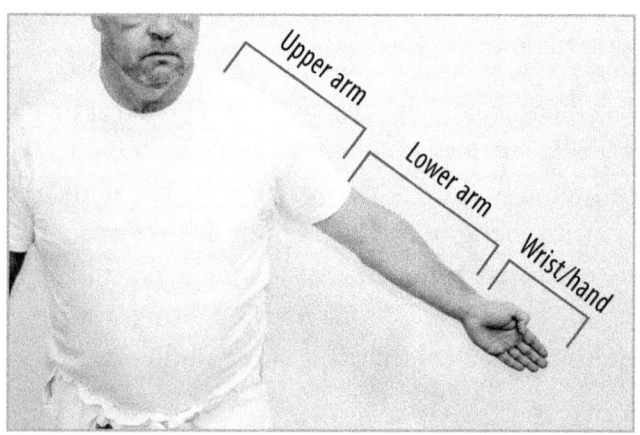

Dit is belangrijk om te beseffen, aangezien een deel van de waarde van systematische krijgskunst de poging is om waar mogelijk onderbenutte aspecten van de menselijke fysiologie te benutten. De arm is te vergelijken met een speer. Als je alleen de punt gebruikt verlies je het nut van het blokkeren met de schacht of met het uiteinde van het wapen te slaan.

Het is heel gebruikelijk om **minder dan** het volledige potentieel van onze anatomie te gebruiken, en verschillende principes kunnen ons helpen het voordeel van het volledige gebruik ervan te verkrijgen, zowel defensief als offensief, door verder te kijken naar de mogelijkheden van onze meerdelige armen.

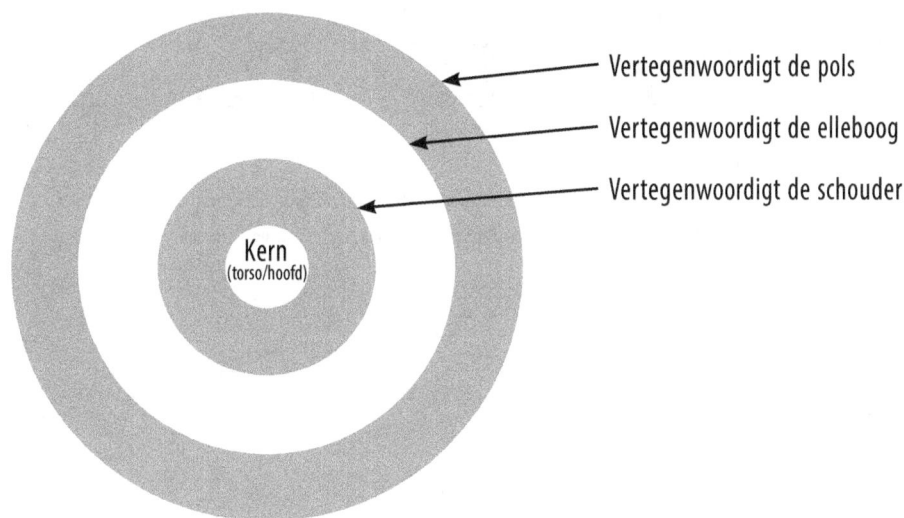

Drie poorten en drie segmenten

Defensief – Drie poorten / Three Gates (san men / 三門)

Als een algemene regel geldt dat men waarschijnlijk naar het midden zal worden aangevallen, omdat deze aanvallen waarschijnlijk diep zullen doordringen in plaats van af te buigen als gevolg van rotatie van de romp om zijn verticale as.

Vanuit een defensief perspectief kunnen de drie "poorten" van de arm worden gezien als de concentrische kasteelpoorten waarbij onze ruggengraat/centrum de rol speelt van het te bewaken kasteel.

De concentrische kasteelpoorten die het kasteel omringen
Afbeeldingsbron: http://primaryfacts.com/1049/different-types-of-castles-facts-and-information/

Dus, in deze analogie is het:

- Kasteel = Rug/Midden
- Binnen Poort = Schouder/Bovenarm
- Middelste Poort = Elleboog/Onderarm
- Buitenpoort = Pols/Hand

Terwijl we verder gaan om voorbeelden te bespreken van het gebruik van de defensieve aard van de drie delen van de armen, zullen we deze stenomethode gebruiken om de poorten te beschrijven:
- 1e poort – pols/hand
- 2e poort – onderarm/elleboog
- 3e poort – bovenarm/schouder

Verdediger voert kruisblok met verkeerde hand (2e poort) uit tegen een gezichtsstoot, waarbij een verdediging met kuri-uke (achterkant van elleboogblok/3e poort) nodig is tegen de tweede stoot (van kururunfa/seiunchin kata).

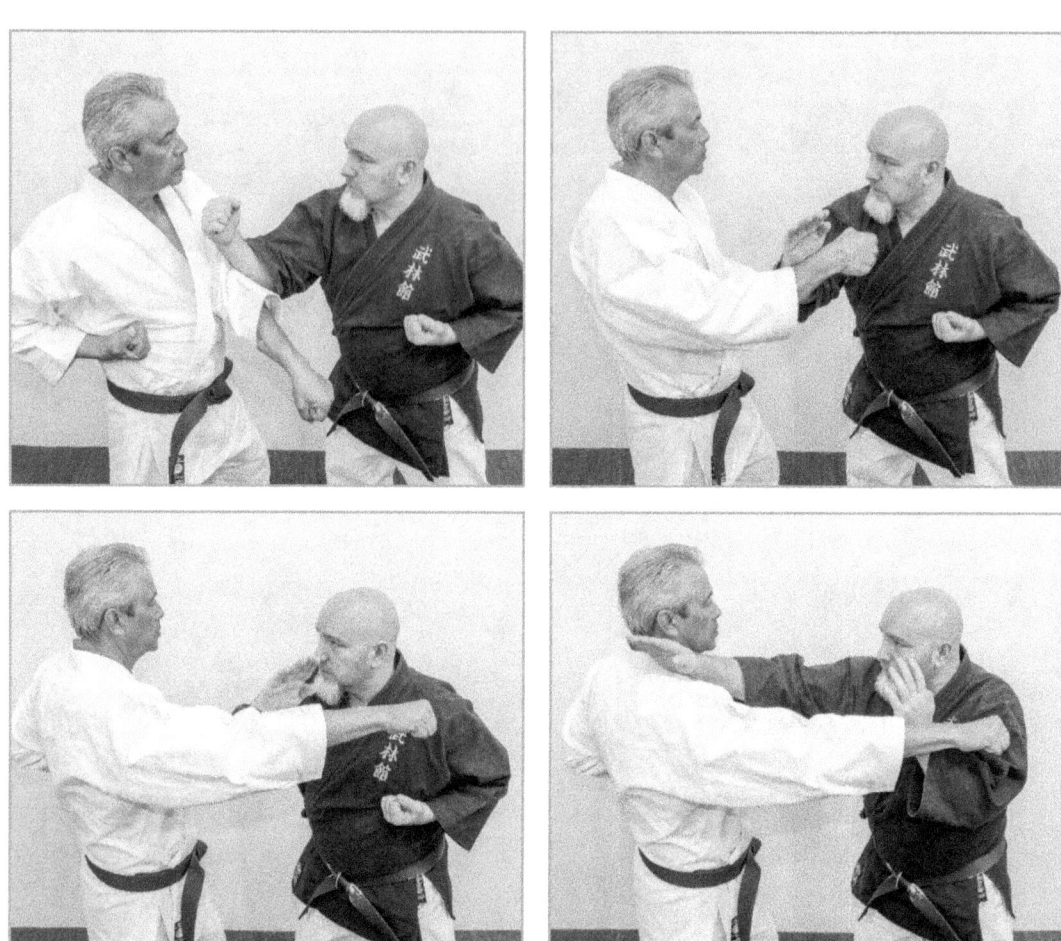

De verdediger blokkeert de eerste stoot van de aanvaller met de 2e poort (onderarm) en de tweede stoot die de verdediger blokkeert is met de 1e poort (pols) voordat hij in de tegenaanval gaat.

Verdediger krijgt de rechterhand van de aanvaller met de verkeerde hand nagashi-uke (vloeiend blok/1e poort), en verdedigt tegen de linkerhand van de aanvaller met zijn rechter onderarm/elleboog (2e poort) (een toepassing van seiunchin kata "boogschutter houding")

Als we onze handpalm of pols gebruiken om een stoot te blokkeren en de tegenstander slaat onmiddellijk met de andere hand, dan kunnen we onze elleboog opheffen of laten zakken om de tweede stoot te blokkeren. De tegenstander kan dan zijn eerste hand gebruiken om op onze elleboog te drukken en ons nog een keer te slaan. Als we onze vrije hand nog steeds niet kunnen gebruiken (vanwege bereik/positie), dan is onze enige overgebleven optie misschien om ons lichaam te draaien en met onze schouder te blokkeren.

Aangezien de schouder niet erg mobiel is, heeft deze een beperkt defensief vermogen, dus het wordt aanbevolen om de rol van zowel de 1e als de 2e poort te overwegen voor hun verdedigende waarde tegen de meerdere aanvallen van een aanvaller. Evenzo wordt sterk aanbevolen dat verdedigende bewegingen het best mogelijke gebruik maken van de 2e poort om de hand vrij te houden voor een onmiddellijke of gelijktijdige tegenaanval (zie hoofdstuk 4, Handen jagen niet op handen).

Aanvallend – Drie segmenten (san jie / 三節):

Eerder werd een vergelijking gemaakt tussen de menselijke arm en een speer; een beter voorbeeld zou zijn dat een arm in wezen een "flexibel" wapen is. De arm lijkt veel meer op een dorsvlegel(nunchaku), een driedelige staf, nunchaku of ketting, wapens die typisch werden ontwikkeld of ingezet voor het aanvallen van "rondom" obstakels, meestal als een schild. Essentieel is een flexibel wapen een wapen dat bedoeld is om rond obstakels te slaan.

In de context van de lege hand kunnen de flexibiliteit van de arm en meerdere gewrichten worden gebruikt om continu aan te vallen of rond de blokken van de tegenstander aan te vallen.

Ik kan bijvoorbeeld mijn tegenstander stompen, die vervolgens mijn arm blokkeert. Als hun blokkering contact maakt met mijn arm tussen mijn pols en elleboog, kan ik naar binnen gaan, mijn elleboog vouwen en aanvallen ermee. Als mijn elleboog dan wordt geblokkeerd door de andere hand van mijn tegenstander, kan ik mijn elleboog laten zakken, naar binnen gaan en aanvallen met mijn schouder.

Dit concept moet grondig worden onderzocht en geoefend, wat resulteert in het vermogen om door en rondom blokken te blijven slaan met een verscheidenheid aan "niet-typische" slagoppervlakken.

Voorbeelden (aanval ⇨ aanval)

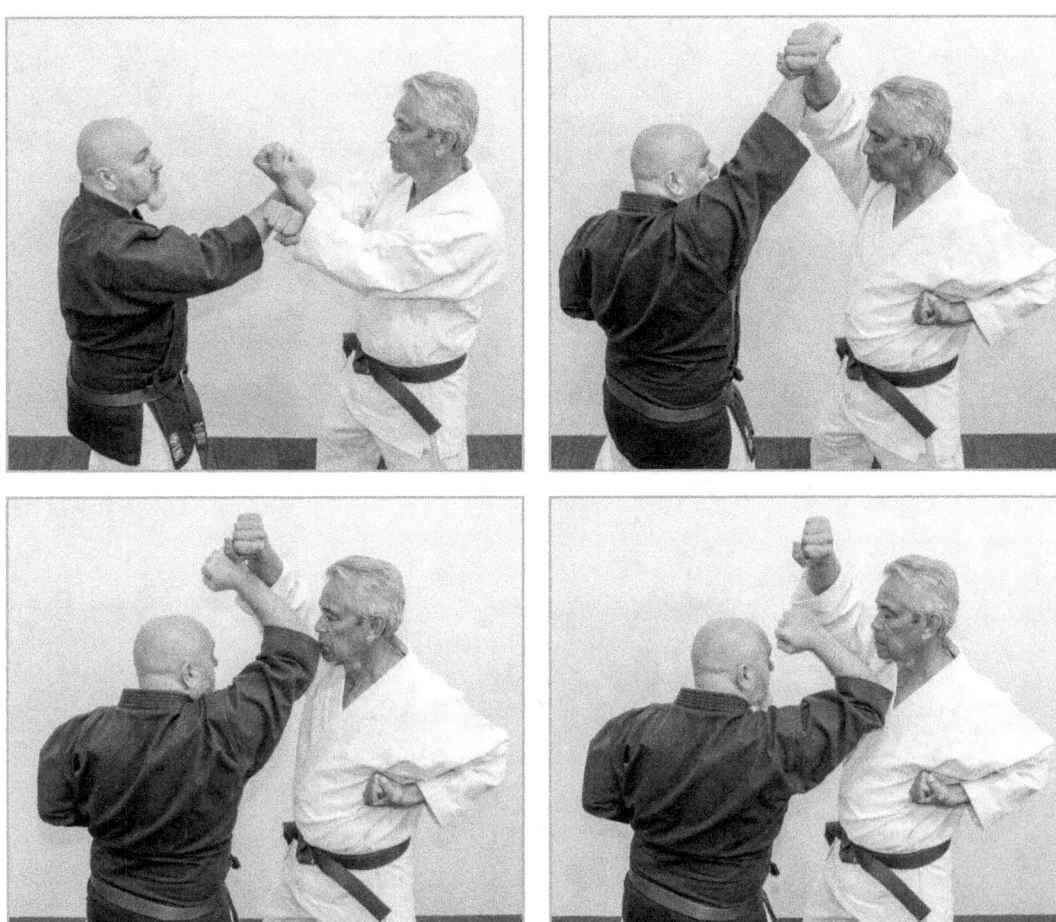

De hoge stoot van de verdediger (1e segment) wordt geblokkeerd, dus hij gaat onmiddellijk over naar de elleboog (2e segment) naar het gezicht of het borstbeen.

Verdediger slaat laag (1e segment) en wordt geblokkeerd. De verdediger "buigt" zijn arm onmiddellijk en gaat verder met een elleboog (2e segment) die op de lever is gericht.

Verdediger stompt (1e segment) en wordt geblokkeerd, rolt dan naar beneden en achter de elleboog van de aanvaller, grijpt met zijn linkerhand en gebruikt de bovenarm (2e segment) of schouder (3e segment), afhankelijk van de hoek, om de elleboog van de aanvaller te breken.

Verdediger gebruikt de stoot met de verkeerde hand, maar schakelt agressief over naar een leiden-elleboog aanval (2e segment) op het gezicht. De aanvaller blokkeert de elleboog, dus de verdediger draait door zijn rechterheup naar achteren te trekken en het centrum van de aanvaller te openen. Nu onbelemmerd slaat de verdediger (1e segment) in het gezicht.

Voorbeelden van gemengde verdediging/aanval

Verdedig ⇨ aanval:

Verdediger weert met linker pols (1e poort), grijpt met de rechterhand en brengt dandruk over op de linkerschouder (3e segment), terwijl hij met een achterste elleboog slaat op de lever (2e segment) (van kururunfa kata).

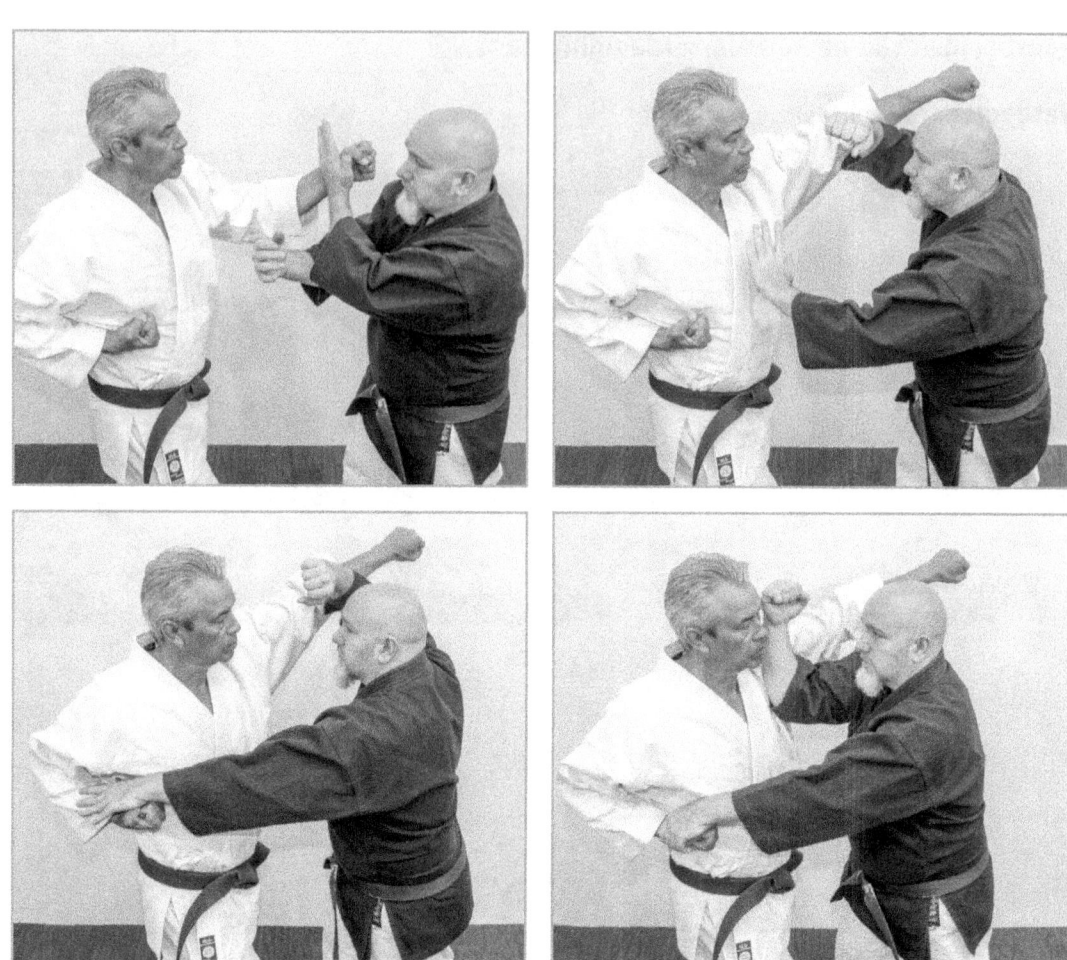

Verdediger voert een hoog blok (2e poort) uit aan de binnenkant en gaat over in een vallende tettsui-uchi (hamervuist/1e segment) naar het hoofd, terwijl hij de andere hand van de aanvaller vasthoudt.

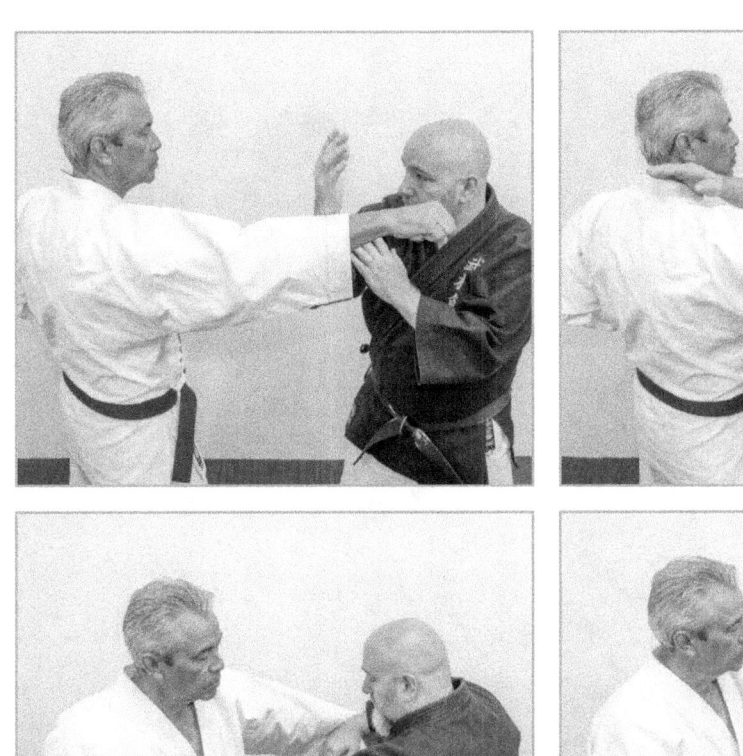

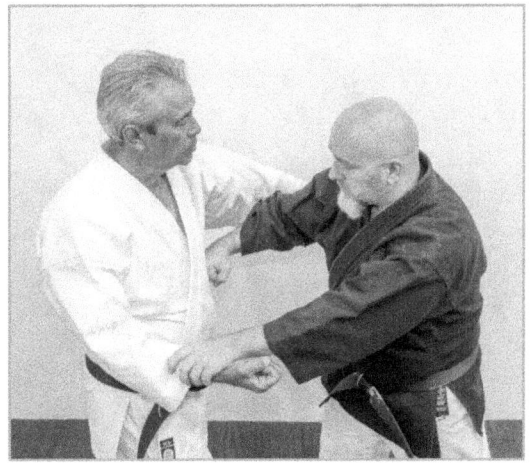

Verdediger voert een kruisblok uit de verkeerde hand (1e poort) en hakt naar de nek (1e segment). Vervolgens moet hij zich met zijn rechter onderarm (2e poort) verdedigen tegen body hook, eindigend door de aanvaller in de milt te stompen (1e segment).

Verdediger blokkeert een leverstoot met rechterelleboog (2e poort), en tegenstoot onmiddellijk (1e segment) naar het gezicht. Verdediger gebruikt dan een lift van de rechterelleboog (2e segment), trek aan de linkerarm en rotatie van de taille om de aanvaller te gooien.

De verdediger gebruikt sukui uke (scheppend blok/1ste segment) om de stoot van de aanvaller onderdoor te laten gaan, en slaat vervolgens met zijn elleboog (2de segment) de zwevende ribben van de aanvaller.

De hoge stoot van de verdediger wordt geblokkeerd en de aanvaller profiteert van de opening. De verdediger voert een droppende elleboogpuntverdediging (2e poort) uit tegen de stoot en gaat onmiddellijk over in een uppercut (1e segment).

Verdediger blokkeert de stoot van de aanvaller en maakt onmiddellijk een uppercut. De verdediger gebruikt vervolgens de positie van de bovenarm om de aanvaller uit balans te brengen, terwijl hij naar de kin stoot (van seisan kata). De verdediger schakelt dan over op een armworp, vergelijkbaar met kaiten nage (wielworp/aikido) of puter kepala (draai het hoofd/silat).

Aangezien de innovatie van krijgskunst het begrijpen en implementeren van principes is die zowel efficiëntie als effectiviteit ondersteunen, is een primaire methode om iemands capaciteiten te verbeteren het beter gebruiken van de reeds beschikbare hulpmiddelen. Hoewel de focus vaak ligt op het extreem gebruik van de, kan een grondige studie en oefening van het gebruik van **alle delen** van de arm, zowel voor offensieve als defensieve doeleinden, de beoefenaar in staat stellen meer te bereiken met dezelfde hulpmiddelen.

Handen achtervolgen handen niet

Zoals vermeld met betrekking tot de drie poorten en drie segmenten, is het heel gebruikelijk om op de hand gefocust te blijven in krijgskunsttrainingen. Onze handen hebben een extreem hoge dichtheid van zenuwen per vierkante centimeter en worden daarom gemakkelijk een focus van onze training en uiteindelijk onze toepassingen. De handen zelf krijgen de primaire rol voor bijna alle toepassingen waarbij de armen betrokken zijn... slaan, grijpen, duwen, trekken, enz.

Normaal gesproken vertellen principes je wat je moet doen of welke doelen je moet nastreven, maar er zijn uitzonderingen, vooral wanneer er veelvoorkomende fouten zijn die mensen maken in hun training, ondanks het feit dat ze principes hebben die hen anders vertellen.

De vermaning "Handen achtervolgen handen niet" is een herinnering aan de beoefenaar om de onderarmen te gebruiken (2e poort/segment) ter vervanging van de handen in de meeste omstandigheden, en dient ook om ons eraan te herinneren dat het beheersen van de handen van de tegenstander zelden het primaire doel is van een aanval zelf.

Zoals vermeld, hebben de armen veel oppervlakken die potentieel opvallende oppervlakken zijn. De armen hebben drie primaire gewrichten (pols, elleboog, schouder), wat een groot aantal aanvals-, verdedigings- en gelijktijdige verdedigings- / aanvalsopties mogelijk maakt.

Je zou bijvoorbeeld de stoot van een tegenstander kunnen blokkeren en vervolgens, terwijl je de aanvallende arm van de tegenstander bij de elleboog drukt en vasthoudt met de eigen elleboog, onmiddellijk een tegenaanval uitvoeren met een uppercut van de stotende hand.

Dit kan niet gebeuren als men te veel gefocust is op de hand/vuist. De hele arm is zowel een wapen als een schild.

Het kan op elk moment de rol van de een, de ander of beide vervullen.

Alle gewrichten van de arm moeten aangrijpen en alle oppervlakken moeten worden gebruikt voor zowel offensieve als defensieve doeleinden. Gebruik de hand of handpalm niet als de onderarm of elleboog hetzelfde werk kan doen.

Vanuit het perspectief van de instrumenten van de beoefenaar zou je kunnen zeggen: "*Handen jagen niet op handen* **als de onderarm hetzelfde werk zou kunnen doen.**"

Tegenstander

Onthoud ook dat de tegenstander meer heeft dan alleen handen, en dat de meeste van onze *controlemethoden* betrekking hebben op andere delen van de anatomie van de aanvaller.

Als je als beoefenaar de aanvaller alleen aan de hand of pols grijpt, houd dan rekening met het volgende:

- Het is moeilijk om hun lichaam onder controle te houden of hun vermogen om door te blijven vechten uit te schakelen door bij de pols te grijpen. Vastgrijpen bij de elleboog heeft een groter voordeel voor het breken van het evenwicht van de aanvaller.
- De elleboog van de aanvaller is potentieel veel krachtiger en gevaarlijker dan hun hand of vuist, als deze niet onder controle wordt gehouden.
- Handen bewegen sneller dan de ellebogen en zijn moeilijker te volgen bij realistische snelheden.
- Veel algemene doelen voor controle hebben doorgaans veel te maken met vitale punten, balans en structuur van het lichaam. De armen kunnen vaak worden beschouwd als een tijdelijk obstakel dat we moeten overwinnen.

Bedien twee met één

Aangezien we allemaal dezelfde anatomie delen, moeten we kijken naar tactische voordelen om ons succes en onze veiligheid te verzekeren. Er zijn methoden waarmee de aanvaller één hand kan gebruiken om twee handen te bedekken of te vangen (yi fu er / 一伏二). Dit moet volledig worden onderzocht, aangezien het gebruik van één ledemaat om er twee tijdelijk uit te schakelen, de beoefenaar doorgaans in staat stelt zijn of haar vrije hand te gebruiken zonder verdere belemmering, vergelijkbaar met het voordeel dat wordt behaald door flankeren.

Het principe van de drie poorten en drie segmenten kan helpen bij de ontwikkeling van deze vaardigheid. Een primaire methode om "twee met één" te besturen, is door zijn hand met je eigen hand te besturen en de onderarm of elleboog van dezelfde onderarm te gebruiken, de andere arm te blokkeren of op een andere manier vast te houden.

Verdediger fixeert de rechterarm van de aanvaller met zijn rechterpols (1e segment) en de linkerarm van de aanvaller met zijn rechterelleboog (2e segment).

Omgekeerd verdedigt de verdediger eerst tegen de linker stoot van de aanvaller met zijn rechterelleboog (2e segment) en houdt vervolgens de rechterarm van de aanvaller vast met zijn rechter hand die naar beneden drukt of valt, zgn. osae uke (van seipai en suparinpei kata).

In dit voorbeeld past de verdediger ura uke toe (blok op de achterkant van de hand) en schuift hij diep naar binnen om de verre hand te controleren, waarbij hij de linkerhand van de aanvaller bestuurt met het 1e segment terwijl hij de rechterarm van de aanvaller tussen zijn ribben en elleboog klemt (2e segment) (van kururunfa kata).

In dit voorbeeld uit de seisan-kata zakt de verdediger van buitenaf in de aanvaller en verspert zijn bewegingen vervolgens met stoten en onderarmaanvallen.

In dit voorbeeld omhult de verdediger beide armen van de aanvaller met één arm, waardoor de andere arm van de verdediger een takedown kan uitvoeren (van seiunchin kata).

Pas op voor twee op één

De verdediger die twee armen van de aanvaller controleert met een van hun eigen armen, is een optimaal scenario omdat het de kansen duidelijk *twee-tegen-één* in het voordeel van de verdediger stapelt. Er blijven een *aantal toepassingen* in krijgstradities die het omgekeerde vereisen... het gebruik van beide armen van de verdediger tegen die van de aanvaller, waarvan de meeste vormen van controle zijn gericht op het gooien van de aanvaller, of het vergrendelen of breken van hun gewrichten.

Evenzo is het niet geheel ongewoon dat een aanvaller *dezelfde twee-tegen-een-manoeuvres* tegen de verdediger probeert. Laten we beide scenario's kort bespreken.

Verdediger die twee-op-een manoeuvre toepast

Het belangrijkste om te onthouden bij het toepassen van technieken die twee contactpunten vereisen, is dat ze niet allemaal vereisen dat die contactpunten beide handen gebruiken. Gezien die herinnering, in combinatie met het principe van drie segmenten, moeten twee-op-een-applicaties worden beoordeeld, aangepast en getraind om waar mogelijk een van de volgende opties te gebruiken:

1. **Eén hand en één onderarm** – één hand vrij om te verdedigen of toe te slaan

2. **Twee onderarmen** – beide handen vrij om te verdedigen of toe te slaan

3. **Eén hand of onderarm en één contactpunt op de romp, nek, heup of dij** – zodat er ten minste één hand vrij is om te verdedigen of toe te slaan

De "armklem" techniek in de Goju-ryu Shisochin kata is een duidelijk voorbeeld van optie #1. In plaats van beide handen te gebruiken, gebruikt Shisochin het 2e segment in plaats van het 1e:

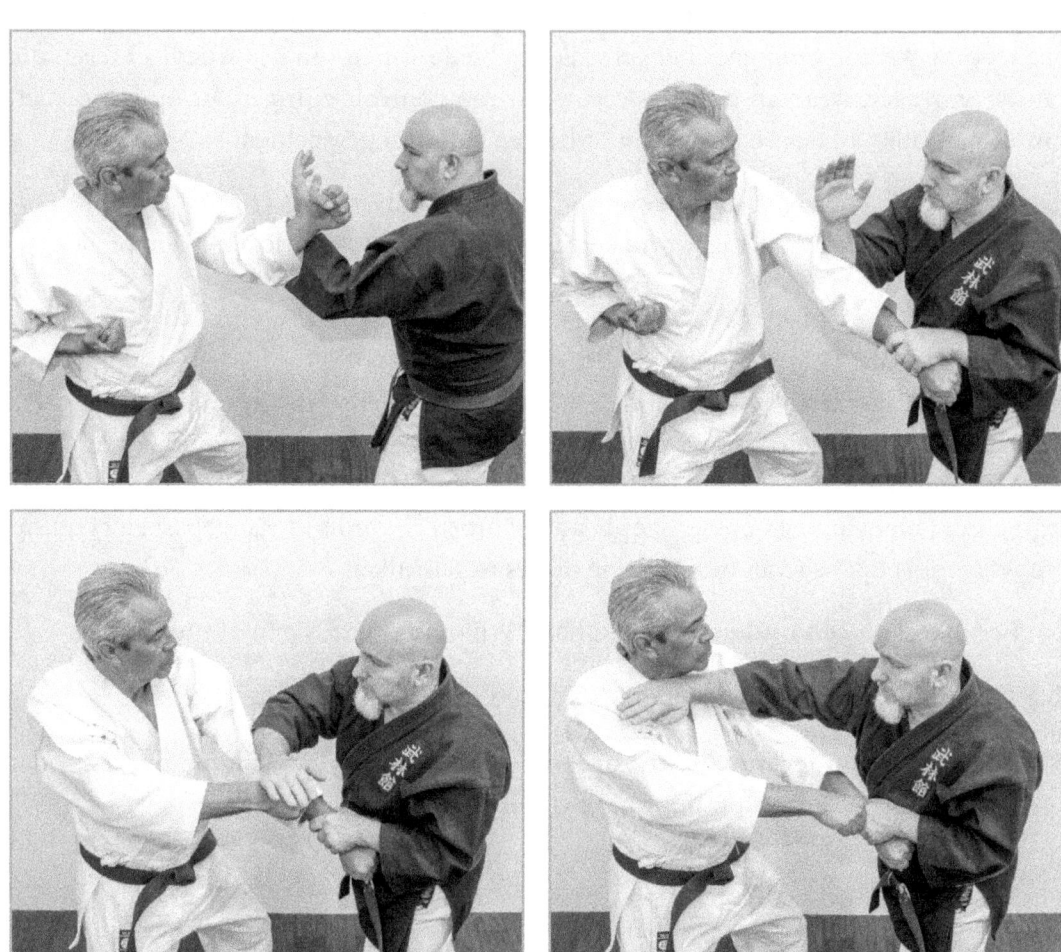

De armklem-methode van de verdediger laat één hand vrij om een secundaire aanval af te handelen.

Mocht de aanvaller zich verzetten tegen de armklem van de verdediger door de arm van de verdediger (1e segment) uit positie te trekken, dan breekt de verdediger de arm van de aanvaller over zijn borst en vervolgens met zijn ellebogen (2e segment) de aanvaller in de kin.

Naast het gebruik van de "buitenkant" van de elleboog om druk uit te oefenen, kan de binnenkant van het ellebooggewricht worden gebruikt om de tegenstander te "grijpen" of *vast te houden*, waardoor de handen van de verdediger vrij blijven.

Omgaan met aanvallers twee op één

Er bestaan scenario's waarin je tegenstander beide armen tegen een van jou kan slaan, in een poging om de ledemaat vast te houden, te vergrendelen of te breken, om je op de grond te gooien of om op een andere manier je structuur, balans of houding in gevaar te brengen.

Als de tegenstander een dergelijke situatie presenteert, zijn er twee belangrijke opties voor de verdediger: **Strike** of **strip**.

Optie A - Strike

In dit geval is het uiterst belangrijk om de aanvaller onmiddellijk te slaan, bij voorkeur in het gezicht of het hoofd. Als dit snel wordt gedaan, heeft dit een hoge mate van succes omdat de handen van je tegenstander bezig zijn en niet kunnen blokkeren. Evenzo, als het in de juiste timing wordt gedaan, zal de poging van de tegenstander om je 'gevangen' arm in gevaar te brengen, worden gedwarsboomd.

Als de handen van beide aanvallers bezet zijn, staan ze waarschijnlijk open voor een directe aanval.

Zodra de verdediger beseft dat de aanvaller beide armen gebruikt om een lock, break of throw toe te passen, kan hij zijn ellebooggewricht verdedigen door het te buigen, de aanvaller met een elleboog of schouder rammen en vervolgens de aanvaller in het gezicht slaan.

Optie B - Strippen

Als de aanvaller twee handen op uw ene arm heeft, gebruik dan beide contactpunten om uw balans te duwen, te verplaatsen of op een andere manier te beheersen, en gebruik vervolgens uw vrije hand om een van zijn handen te strippen, wat het effect heeft dat hun kracht wordt "gesplitst", waardoor hun vermogen om hun druk te trianguleren.

Verdediger realiseert zich dat de aanvaller een slot of een breuk aan het opzetten is, dus haalt hij de hand van de aanvaller die het verst van de schouder van zijn eigen gegrepen arm is af.

Verdediger gaat onmiddellijk in de tegenaanval met een slag en worp (een andere toepassing van de "armklem" van shisochin kata, toegepast op het hoofd).

De verdediger moet niet proberen de hand van de aanvaller die zich het dichtst bij zijn schouder bevindt te strippen, omdat dat de aanvaller de mogelijkheid kan geven om extra druk uit te oefenen en het eens vrije ledemaat vast te houden.

Wapens on-line houden

Vergelijkbaar met hoe een biljartspeler elke stoot uitvoert om zijn volgende stoot op te zetten, moet men in vecht kunst altijd proberen het gevecht te leiden, zodat elke actie een vorm van nuttige follow-up creëert.

Een van de eenvoudigste voorbeelden van dit concept heeft betrekking op fundamentele blokkerings- en ontvangstbewegingen.

Bijvoorbeeld, Chudan Soto Uke, toegepast op de buitenpositie, zou op dezelfde *ideale* plek kunnen eindigen als een beoefenaar het zou uitvoeren in de solo-oefening. De beoefenaar zou ook de principes van *uitgestrekte technieken* kunnen gebruiken en *het wapen on-line houden*, eindigend met de onderarm gericht op het gezicht van de tegenstander met de vuist klaar om te uppercut, slechts enkele centimeters van het beoogde doelwit, en zich vervolgens voorbereiden om de dienst in te principe van het *dichtstbijzijnde wapen, het dichtstbijzijnde doelwit*.

Zie hieronder voor een aantal veelvoorkomende voorbeelden:

 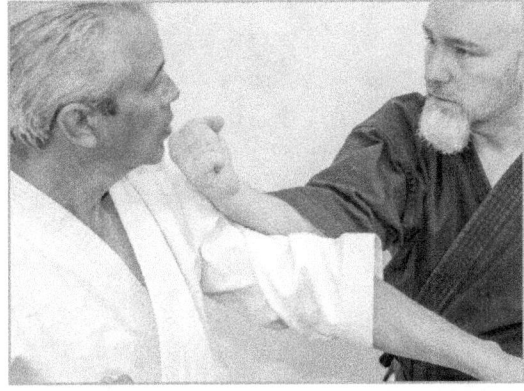

De middelste binnenwaartse blok (chudan uchi uke) kan worden ingezet als een uppercut door hem op zijn gezicht te richten als doel ...

... net als de middelste buitenste blok.

Gedan barai (laag, vegen blok) werkt op dezelfde manier... door het lichaam te gebruiken om de tegenstander te draaien, brengt men de onderarm en vuist in lijn met de ribben van de tegenstander, waardoor een soepele overgang van het "blok" naar een tegenstoot direct vanuit de blokkering ". Dus zonder de vuist eerst terug te trekken naar je eigen heup.

Gedan Uchi Uke (laag naar binnen gericht blok) kan op dezelfde manier op het midden van de tegenstander worden gericht voor een snelle tegenaanval op de milt, lever of ribben.

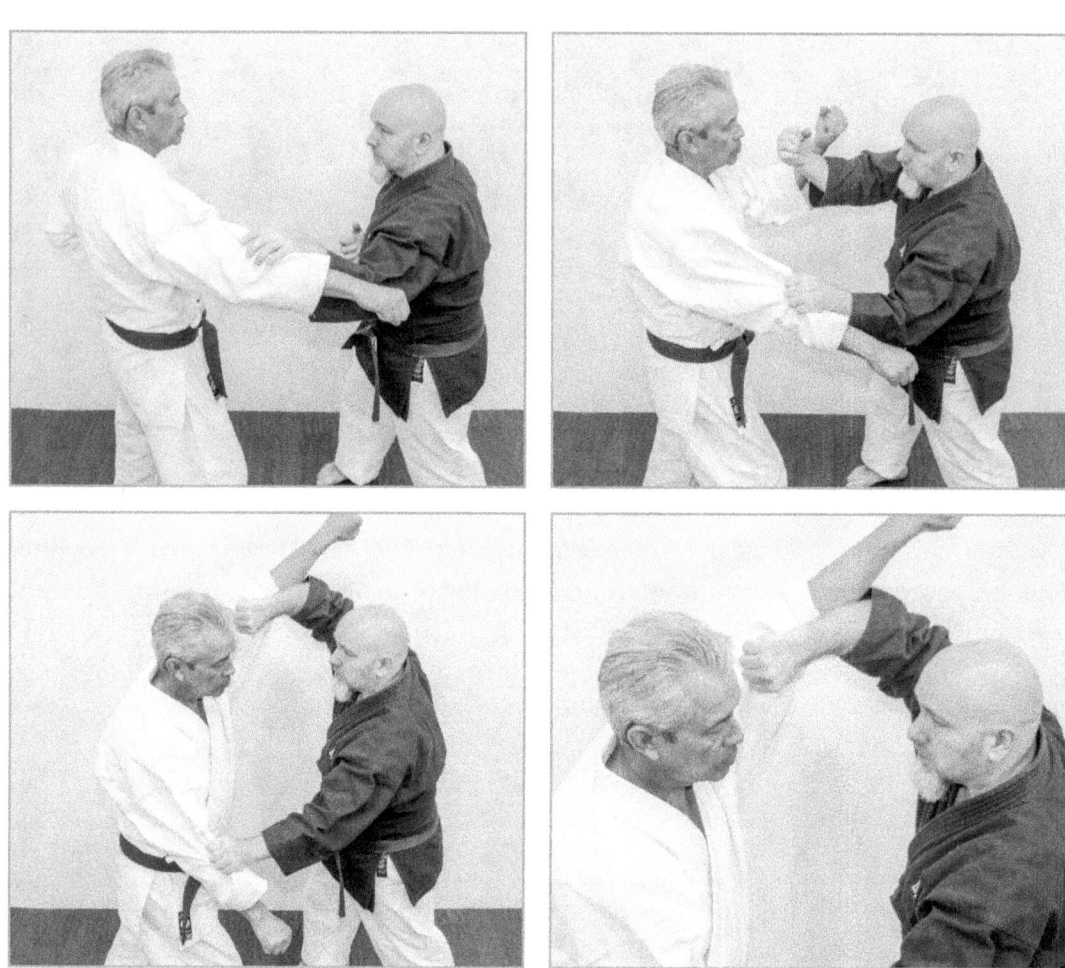

Aan de binnenzijde kan het hoge blok direct op het hoofd of gezicht van de aanvaller worden gericht voor een snelle tegenaanval (volgens seipai kata of seiunchin kata's "boogschutterhouding").

Zoals besproken in het gedeelte over *uitgestrekte technieken*, is er een bruikbare limiet voor elke techniek om te rekken. Buiten dat, ondersteunt de beweging of anatomische vorm mogelijk niet langer de beoogde toepassing. Overweeg in die scenario's om de stap, standhoogte, rotatie of andere positionele factoren te wijzigen om een nuttige toepassing te ondersteunen die nog steeds profiteert van het principe "*Houd het wapen on-line*".

Overbruggingsprincipes/sleutelwoorden

Net als Goju-ryu staan Zuid-Chinese vechtsportstijlen bekend om hun verfijnde armbewegingen, zodat er in China een gezegde ontstond om de specialiteiten van gong-fu (kung-fu) stijlen te beschrijven, "Southern Fists and Northern Kicks" (南拳北腿). In zuidelijke stijlen worden de onderarmen "bruggen" (橋) genoemd, en het toepassen van technieken met de armen tegen de armen van de tegenstander wordt "overbruggen" genoemd, omdat ze (in feite) onze romp verbinden met die van onze aanvaller.

Wapensamenkomst creëert een "brug" tussen verdediger en aanvaller.

Omdat deze Zuid-Chinese stijlen zich specialiseerden in technieken van de bruggen, ontwikkelden ze ook tal van overbruggingsprincipes, sleutelwoorden die worden gebruikt om opties of tactieken te beschrijven voor het omgaan met brug-op-brug-toepassingen. Aanvaller en verdediger hebben doorgaans een vergelijkbare anatomie. We moeten het dus van geavanceerde toepassing van principes hebben in samenhang met onze anatomisch gereedschap.

Een duidelijk begrip van overbruggingsmethoden en -opties helpt ons om zeer doelgericht te zijn bij het lesgeven en trainen van die toepassingen.

Five Ancestor Boxing (Ngo Cho Kun / 五祖拳) heeft een vierdelig gedicht over overbruggingsmethoden, dat hieronder wordt weergegeven:

	Bridge-methode, vier formules (vertaling)
橋法四訣	
過、有橋橋上過	**Kruis** – Als er een brug is, steek deze dan over
添、無橋添作橋	**Aanmaken** – Als je geen brug hebt, maak er dan een
斷、見橋即斷橋	**Breken** – Als je een brug tegenkomt, breek hem dan
粘、粘橋不離橋	**Blijven** – Als je je aan een brug houdt, scheid je er dan niet van

Dit gedicht beschrijft een set van vier overbruggingsprincipes waar de stijl de voorkeur aan geeft. Hieronder bespreken we deze vier in detail, samen met vier aanvullende overbruggingsprincipes die nuttig zijn bij het codificeren van bijna alle overbruggingsbewegingen om zowel training als toepassing in oefeningen voor het opbouwen van vaardigheden te begeleiden.

Aanmaken (添)

We beginnen met 'creëren', omdat een aanname van een close-range, stand-up vechtkunst de voorkeur is om te vechten op een afstand die ons in staat stelt al onze tools voor het gevecht te gebruiken, inclusief ellebogen, schouders, kopstoten, enz. Vanwege hiervoor moeten we "de kloof dichten" en veilig van buiten bereik naar ons voorkeursbereik gaan. Een strategie om te helpen bij het dichten van de kloof is om een brug te maken met de arm van de tegenstander.

Deze brug stelt ons in staat om de arm te "monitoren" terwijl we op korte afstand komen. In dit opzicht gebruiken we onze arm net zoals een insect zijn voelsprieten zou gebruiken... om uit te reiken en aan te raken, te voelen en te observeren.

Het is belangrijk om in gedachten te houden dat het maken van een brug niet meer doet dan dat. Het beweegt, hindert of kwetst de aanvaller niet, het *creëert* gewoon een contactpunt, waardoor de verdediger kan voelen, in plaats van te zien wat er gebeurt op de clinch-range met het betrokken ledemaat. Andere overbruggingsprincipes worden ingezet wanneer er meer wordt gedaan dan het bewaken van de brug van de aanvaller.

Merk op dat er een brug wordt gecreëerd wanneer ledematen in contact komen, ongeacht de bedoeling of het label dat aan die beweging is bevestigd. Twee veelvoorkomende scenario's *creëren doorgaans een brug*. De eerste is wanneer de beoefenaar aanvalt, waardoor de verdediger blokkeert. De tweede houdt in dat de beoefenaar de aanval van een tegenstander *blokkeert*.

Nogmaals, een brug maken is niet hetzelfde als *blokkeren*; het is slechts het *creëren van een brug*. De "blokkerende" actie volgt de *creatie* van de brug en wordt weergegeven door een ander overbruggingsprincipe (*beweging*), dat we binnenkort in detail zullen bespreken.

Veelvoorkomende redenen om een brug te maken:

1. Om de kloof te overbruggen tijdens het binnenkomen, om de brug(s) van de aanvaller te bewaken

2. Om de meeste overbruggingsopties in te stellen, waarvoor contact vereist is (uitschakelen hieronder is de uitzondering)

3. Om de arm van de aanvaller te "af te leiden"" om naar een gewenste locatie te gaan, waar deze een gewenst doelwit niet bedekt

Verdedigend wordt er een brug *gecreëerd* wanneer de verdediger een aanval blokkeert/ontvangt.

Aanvallend wordt een brug *gecreëerd* telkens wanneer de aanval van de verdediger wordt onderschept door de aanvaller.

Ontkoppelen (脫)

Het overbruggingsprincipe dat het duidelijkst het tegenovergestelde van *creëren* vertegenwoordigt, is *ontkoppelen*. *Ontkoppelen* ondersteunt tactieken waarbij we onze arm moeten bevrijden van contact met die van onze aanvaller.

Veelvoorkomende redenen om los te koppelen van een brug:

1. Om van het ene contactpunt naar het andere op het lichaam van de aanvaller te gaan (zoals: arm naar lichaam)

2. Als onderdeel van het *overdrachtsprincipe* dat onze armen in staat stelt om "rollen te verwisselen" en een flankerende aanval toe te staan

3. Om onze "machtsbalans" te laten verschuiven van een defensieve naar een offensieve rol

De verdediger tilt de elleboog van de aanvaller op en houdt deze vast met zijn linkerhand, waarbij hij zijn rechterhand *losmaakt* om op de lever van de aanvaller te slaan (van seisan/suparinpei kata).

De verdediger ontvangt eerst de stoot van de aanvaller met zijn rechterhand en gaat vervolgens over naar de linkerhand, *ontkoppelt* zijn rechterhand om een flankerende, cirkelvormige stoot naar het achterhoofd gebied van de aanvaller mogelijk te maken.

Hetzelfde kan worden gedaan tijdens het loskoppelen door over te gaan naar een "bicepsgreep" van de arm van de aanvaller.

Bewegen (行)

Met onze armen verbonden, kunnen we de ledematen van de aanvaller duwen en trekken, om eenvoudig een aanval te verdedigen, om tactische manoeuvres te ondersteunen die specifiek betrekking hebben op het herpositioneren van de ledematen, of om indirect de romp te manoeuvreren, gezien de verbinding van de arm met de romp.

Veelvoorkomende redenen om een brug te laten bewegen:
1. Om een aanval van het beoogde doel af te weren ("blokkeren", afbuigen, pareren, omleiden)

2. Een doel openen voor een opvallende manoeuvre

3. Een worp opzetten of een worp counteren

4. Om een slot op te zetten of te breken of om hetzelfde tegen te gaan

5. Als verbinding met de romp die beweging van de romp van de aanvaller mogelijk maakt

    a. Duwen/trekken/draaien

Alle afbuigingen/afweren/omleidingen die een aanval ervan weerhouden een doelwit te vinden, zijn voorbeelden van het sleutelwoord *bewegen*.

"Blocks" kunnen worden gebruikt om delen van de anatomie van de aanvaller te openen voor aanvallen. In dit geval gaat een kruisblok over naar een laag blok om het midden te openen en de verdediger naar de binnen positie te verplaatsen, waar de milt een levensvatbaar doelwit wordt.

Sukui uke (scheppend blok) beweegt de arm van de aanvaller naar beneden en naar de voorkant van de verdediger, waar het dan veilig wordt om beide armen op die van de aanvaller te steken en zijn elleboog te breken.

In dit voorbeeld gebruikt de verdediger neerwaartse druk op de stootarm van de aanvaller om de kin te openen voor een tegenaanval.

Vasthouden (拘 / 扣)

Net als bij 'bewegen' probeert detentie de aanvaller te beïnvloeden door controle te krijgen over wat hun ledemaat 'mag' doen. Door de arm van de aanvaller op een bepaalde locatie vast te pinnen, vast te houden of anderszins te belemmeren, wordt de aanvaller de mogelijkheid ontzegd om deze te verplaatsen, waardoor het mogelijk wordt een bepaald doelwit aan te vallen zonder te worden gehinderd door of een tegenaanval te ontvangen van dat ledemaat.

Veelvoorkomende redenen om een brug vast te houden:
1. Om te voorkomen dat de brug van de aanvaller een doelwit verdedigt
2. Om te voorkomen dat de brug van de aanvaller aanvalt of voor hen naar een voordelig positie gaat

Kake uke (haakblok) kan worden gebruikt om de elleboog in positie te houden om te voorkomen dat de aanvaller draait om zich te verdedigen tegen een flankaanval.

In dit voorbeeld leidt kake uke tot een polsgreep en neerwaartse trekkracht die de aanvaller ervan weerhoudt de gezichtsaanval met zijn rechterelleboog te verdedigen.

De combinatie van kruisblok en ura tsuki (undercut stoot) door de verdediger creëert een "frame" dat leidt tot een val van de linkerarm van de aanvaller.

In sommige omstandigheden kunnen de ribben en elleboog worden gebruikt om de arm van een aanvaller *vast te houden*, waardoor het mogelijk wordt om gemakkelijker in de tegenaanval te gaan, vast te grijpen, te gooien of de arm te breken.

Herinnering: *Handen jagen niet op handen* is ook uiterst relevant voor het implementeren van vast sluiten, omdat de elleboog een nuttig hulpmiddel kan zijn bij het vast sluiten van het ledemaat van de tegenstander, terwijl de hand vrij blijft om tegen te gaan of te verdedigen.

Kruis (過)

Vanuit een *overbruggingsperspectief* verwijst "Kruis" niet naar een *kruisvorm* (+), maar om de lijn van de ledemaat naar de romp te volgen, zoals men een brug *oversteekt* om van de ene rivieroever naar de andere te gaan.

Wanneer de ledematen elkaar ontmoeten aan hun buitenste extremiteiten, van pols tot pols, kunnen we het ledemaat van de aanvaller zelf als gids gebruiken. Deze methode om "over" de brug te gaan, stelt ons in staat om een bekend doelwit te vinden (meestal nek, oksel, ribben, milt of lever) zonder afhankelijk te zijn van het gezichtsvermogen, en om contact te houden met dat ledemaat terwijl we naar binnen gaan.

Agressief de brug oversteken om het hoofd of lichaam aan te vallen in de hoop de secundaire aanval van de aanvaller te voorkomen, is een waardevolle vaardigheid om te trainen wanneer een beoefenaar zich in een *verkeerde hand* positie bevindt en een *zelf geflankeerde* situatie, ongeacht de oorzaak.

Veelvoorkomende redenen om een brug over te steken:

1. Om veilig door de "kloof" te navigeren naar een moeilijk te verdedigen gebied, met behoud van contact

2. Om de doelen te vinden, zonder zicht

    a. Nek is aan de basis van de arm (boven)

    b. Oksel is aan de basis van de arm (onder)

Vanuit de hoge blokpositie binnenin leidt het volgen van de lijn van de arm van de aanvaller naar de nek.

Verdediger steekt van binnenuit de brug over met een eigen stoot (van kata seisan/ suparinpei).

Het oversteken van de brug vanuit de lage positie leidt naar de oksel, ribben, milt of lever.

In dit voorbeeld steekt de verdediger de hoge brug over naar het gezicht en de lage brug naar de lever (van sanseiru/ suparinpei kata).

Breken (斷)

Er zijn aanzienlijke strategische voordelen verbonden aan het verbreken van contact van een of meer ledematen van de tegenstander uit het gevecht, aangezien een letterlijke ontwapening er bijna voor zorgt dat een verdediger in staat is om vervolgens een aanvaller tegen te gaan.

Breken demonstreert de strategie:

> 舍本逐末
>
> "Negeer de wortel om achter de takken aan te gaan."

Veel breektechnieken, met name van de elleboog, vereisen echter meerdere contactpunten en hebben vaak tot gevolg dat de verdediger de *handen achtervolgt*. Daarom moet er een grondige studie worden uitgevoerd van het breken van opties waarbij de verdediger niet beide handen op een van de armen van de aanvaller hoeft te gebruiken.

Het gebruik van een houding met de *handen naar voren* zoals het Sanchin-frame, samen met *uitgestrekte technieken*, en uitgebreid gebruik van de *drie poorten* en *drie segmenten* zal de beoefenaar helpen sommige van deze gevaren te omzeilen, vooral in combinatie met bewegingsstrategieën die gebruik maken van de *overlappende positie* (zie *flankeren en juiste hand*).

Beschouw bij het breken van de brug al deze opties als doelen: vingers, pols, elleboog en schouder.

Veelvoorkomende redenen om een brug te breken:

1. Een van de ledematen van de aanvaller uitschakelen
2. Om de geest van de aanvaller te nemen, door pijn (door de OODA-lus te onderbreken)
3. Om het mogelijk te maken om de kloof te dichten om het bereik veilig te sluiten

Kake-uke toegepast als vinger grijpen en breken

De combinatie van de opwaartse elleboog en het drukkende blok kan agressief een inkomende stoot opvangen (van shisochin-kata).

Een laag blok aan de buitenkant kan overgaan in een elleboogpauze (een andere uitdrukking van het "sanchin" -kader).

Een inkomende rechte stoot kan worden ingezet vanuit de "hoofd naar binnen, overlappend" positie om de elleboog te breken (een andere uitdrukking van kata seisan/suparinpei)

Als een elleboogbreuk aan de buitenkant mislukt omdat de elleboog van de aanvaller valt, kan de verdediger de aanvalshoek veranderen en de schouder ontwrichten (een aanwending van de opwaartse elleboog van shisochin of kururunfa kata).

Blijven (粘)

Blijven bij de bruggen van een tegenstander is een specialiteit van sommige Zuid-Chinese vecht kunsten zoals Southern Mantis en Wing Chun. *Blijven* kan worden gezien als de passieve versie van *bewegen*... terwijl het verplaatsen van een brug een actieve (*agressieve*) actie is van de kant van de verdediger. *Blijven bij een brug* is passief en volgt alleen de beweging van de aanvaller.

Vanwege de *passiviteit van blijven*, in vergelijking met de agressieve aard van bewegen, wordt *blijven* zelden voor een significante tijdsduur gebruikt. *Blijven* wordt meestal gebruikt in combinatie met *bewegen*.

Veelvoorkomende redenen om bij een brug te blijven:
1. Om van dichtbij actief in de gaten te houden wat er met het lichaam van een aanvaller gebeurt zonder te hoeven "zien"
2. Even wachten op een betere kans of betere positie... bijvoorbeeld een hoek van de elleboog van de aanvaller om uit te buiten

Verdediger schuifelt terug en gebruikt de body punch van de aanvaller. Verdediger kleeft aan de arm van de aanvaller terwijl de aanvaller opnieuw naar het hoofd stoot, onderduikend terwijl hij blijft plakken om contact te houden. Eenmaal aan de buitenkant, in de flankpositie, ellebogen de verdediger de aanvaller. Als alternatief of als aanvulling kan de verdediger een takedown uitvoeren vanuit de flankpositie.

Verdediger krijgt de aanvallersstoot met zijn rechterarm, en terwijl hij de tweede stoot van de aanvaller ontvangt, *blijft* hij aan de terugtrekkende arm totdat de verdediger de arm van de aanvaller tegen het lichaam van de aanvaller *kan houden*, hem uit balans brengt en de verdediger met de handpalm naar het gezicht laat om het doel te vinden .

Overdracht (換)

Er zijn momenten waarop we eerst een aanvaller aanvallen met een arm die we vervolgens moeten vrijmaken om een andere manoeuvre uit te voeren; we voelen ons echter niet op ons gemak om simpelweg het contact te verbreken en *los te laten*, omdat we dan kunnen worden aangevallen door het ledemaat waarmee we het contact verliezen. In dat geval willen we misschien het algemene contact behouden door het contact van een van onze bruggen *naar de andere over te brengen* door een brug te maken met een nieuwe arm en los te koppelen met de originele arm. Deze combinatie van *creëren* en *ontkoppelen* door twee armen wordt dan gedefinieerd als een uitwisseling of *overdracht*.

In veel stijlen, waaronder Goju-ryu, worden veel zogenaamde "blokkerende" of ontvangende manoeuvres met beide handen uitgevoerd, en dit wordt op verschillende manieren genoemd door beoefenaars:

- "Blokkeren, controleren", of "Blokkeer, val"
- "Paren, Passeren"
- "Kleine hand, grote hand"
- "Blokkeren, controleren"

Gebruikmakend van het volledige begrip van overbruggingsprincipes, is het duidelijk dat de handeling van "blokkeren" met twee handen een vierdelige samengestelde activiteit is die een overdrachtsactie omvat:

1. Primaire hand – **Creëer** een brug om het aanvallende lidmaat te ontmoeten.

2. Primaire hand – **Verplaats** de brug om de veiligheid van de verdediger te waarborgen (de eigenlijke "blokkering" of "omleiding").

3. Secundaire hand – **Creëer** een brug om de plaats van de primaire hand in te nemen.

4. Primaire hand – **Loslaten** van het aanvallende ledemaat om opnieuw te positioneren voor de volgende manoeuvre.

In dit voorbeeld is de overdrachtsactie de combinatie van stappen #3 en #4, en het is ook de moeite waard om hier te benadrukken dat overdracht alleen **geen specifieke toevoegingsvorm** van controle impliceert.

Met dat inzicht kan het nuttig zijn om de eerdere lijst met beschrijvingen voor de tweedelige blokkeringsmanoeuvre te bekijken vanuit het perspectief van overbruggingsprincipes, en te overwegen wat ze zouden kunnen inhouden:

- "Blokkeer, Controleren" en "Blokkeren, Val" lijken beide te spreken over het overbruggingsprincipe van *vasthouden*, een optionele vorm van controle die kan worden toegepast nadat de overdracht is voltooid. Aangezien *vasthouden* echter een optionele vorm van controle is, is het niet in elk blokkeringsscenario aanwezig.
- "Pareren, Passeren" lijkt te impliceren dat de brug na de overdracht wordt verplaatst of beschrijft eenvoudig de *verplaatsingsactie* van de "primaire" hand. (zie stap #2 hierboven).
- "Grote hand, Kleine hand" lijkt te spreken over de rol van de arm bij het blokkeren (de bewegingscomponent van de actie), waarbij de primaire/eerste (grote) hand die wordt ingeschakeld zich verdedigt tegen de aanval, terwijl de secundaire (*kleine* hand) hand heeft een rol die niets met verdediging te maken heeft.
- "Blokkeren, controleren" is alleen correct als de nieuwe brughand ("secundair" in het voorbeeld) vervolgens iets anders doet om de aanvaller te controleren, zoals *verplaatsen* of *vasthouden*.

Nogmaals, aangezien alleen *overdracht* een vorm van herpositionering is, en GEEN vorm van controle, wordt overdracht vaak gevolgd door een actie die een extra overbruggingsprincipe inhoudt, meestal *verplaatsen* (om het evenwicht te verbreken), *verplaatsen* (over/onder om van positie te veranderen) of *vasthouden* (om te voorkomen dat het onze volgende beweging met de nu vrije primaire hand onderbreekt).

Veelvoorkomende redenen om een brug over te dragen:
1. Om een arm de aanvaller volledig te laten "flanken"
2. Om van de binnen- naar buitenpoort te gaan of vice versa
3. Om je "krachtige" arm vrij te maken voor een laatste klap

De volgende afbeeldingen illustreren typisch gebruik met twee handen blokkeren/ontvangen voor flankerende doeleinden:

1) Maak een brug (linkerhand).

2) Brug verplaatsen (linkerhand).

3) Maak een brug (rechterhand).

4) Schakel de brug uit (linkerhand).

Verdediger ontvangt de hoek stoot van de aanvaller, passeert deze over zijn hoofd en brengt deze over naar zijn linkerhand om een flankerende tegenaanval mogelijk te maken.

De stoot van de verdediger wordt geblokkeerd en hij bevrijdt zijn rechterarm door het blok van de aanvaller over te brengen naar zijn linkerhand. Dit bevrijdt de rechterhand van de verdediger om de linker stoot en counter van de aanvaller af te handelen.

Samenvatting

Het is handig om in gedachten te houden dat overbruggingsprincipes typische "sleutelwoord"-varianten zijn, in die zin dat ze meestal niet verder uitleggen hoe de taak precies moet worden uitgevoerd, alleen dat de optie beschikbaar is en moet worden begrepen en verder bestudeerd.

Een vluchtig onderzoek van de acht overbruggingssleutelwoorden helpt om te verduidelijken of en hoe elke optie verschillende controlemethoden ondersteunt:

Trefwoord	Controle Methode
Creëer	(geen)
Uitschakelen	(geen)
Verplaats	JA *(houding en balans controleren)*
Vasthouden	JA *(houding en balans controleren)*
Kruising	(geen)
Doorbreken	JA *(houding en balans controleren)*
Blijven	(geen)
Overdracht	(geen)

Hoofdstuk samenvatting

In hoofdstuk 4 hebben we verschillende principes besproken die betrekking hebben op iemands primaire gereedschappen, hun armen (of 'bruggen'). Eerst hebben we besproken hoe aanvullende defensieve (*drie poorten*) en offensieve opties (*drie segmenten*) mogelijk zijn door de volledige mogelijkheden van de armen beter te benutten, en vervolgens hebben we een zeldzame waarschuwing ingeroepen tegen "*Handen die handen achtervolgen*" als herinnering dat de onderarm of elleboog kunnen vaak de rol op zich nemen die voorheen werd ingenomen door onze zenuwrijke handen.

We hebben ook een van de vele tactieken besproken die door deze aanpak worden ondersteund: het vermogen om de kansen in het voordeel van de verdediger te stapelen door twee ledematen van de aanvaller met een van hun armen te besturen.

Daarnaast hebben we besproken hoe we onze twee armen veiliger kunnen gebruiken tegen een van onze aanvallers en hoe we het beste kunnen profiteren van een aanvaller die hetzelfde doet.

Evenzo hebben we aangetoond hoe *uitgestrekte technieken* onze instrumenten gericht houden op een doelwit (*wapens on-line houden*), en verschillende fundamentele principes ondersteunen, zoals *dichtstbijzijnde wapen/dichtstbijzijnde doelwit, doorgaan naar voren*, enz.

Ten slotte hebben we de *acht belangrijkste overbruggingsprincipes* geïdentificeerd en gedemonstreerd: *creëren, ontkoppelen, verplaatsen, vasthouden, kruisen, breken, blijven* en het samengestelde principe met veel verwarrende bijnamen... *overdracht*.

5

Gong (De Kracht)

Hoofdstuk 5 bespreekt principes met betrekking tot kracht, hefboomwerking, lichaamsstructuur en energie.

Technieken, zelfs in combinatie met strategie, zullen geen succes garanderen als de beoefenaar niet de gevoeligheid heeft om de krachten die erop worden uitgeoefend te begrijpen, en als ze niet het vermogen hebben om hun lichaam te gebruiken om de toegepaste krijgskracht te genereren die nodig is voor de situatie.

出手用四面之力，急去速來，猶猛虎搶豬之勢，或擒或送，無異靈貓捕鼠之形、偵其舉動，奪其氣力。

Handtechnieken vereisen het gebruik van het lichaam. Het lichaam genereert de kracht en de handen dienen als contactinstrumenten.

Zoals een kat een rat vangt, zo trekt een tijger met zijn lichaam een wild zwijn naar beneden; de klauwen dienen als contactmiddel.

– *General Tian Bubishi* (琉球武備志)

Translation by Hanshi Patrick McCarthy.

Vecht met het totale lichaam

Aangezien zowel de verdediger als de aanvaller met dezelfde menselijke anatomische hulpmiddelen ten strijde trekken, moeten onze hersenen, ons gebruik en onze *geavanceerde* toepassing van deze hulpmiddelen het verschil maken en ons helpen zegevieren. Een andere manier om de kansen in ons *voordeel te stapelen*, is ervoor te zorgen dat we, waar mogelijk, een groot deel van ons lichaam, onze verenigde structuur, toepassen tegen de zwakste en meest geïsoleerde componenten van het lichaam van de aanvaller.

Denk aan het probleem van iemand die iets zwaars duwt, zoals een auto. Een auto is opmerkelijk zwaar en het menselijk lichaam is daar niet geschikt voor. Gewoon natuurlijk staan en duwen met de armen is om verschillende redenen onvoldoende:

1. Rechtop staan lijnt de menselijke structuur niet uit in de richting van de noodzakelijke kracht, en

2. Armkracht is aanzienlijk minder dan de kracht die nodig is om een stilstaande auto te duwen.

Wanneer echter een lage houding wordt gebruikt die de kracht onder een hoek omleidt, en de armen zijn vergrendeld aan het lichaam, dan wordt de kracht van de grotere beenspieren ingeschakeld, en wordt het mogelijk om te bereiken wat er niet was vóór het toepassen van kennis van de aanvullende principes van geometrie en hefboomwerking.

Bedenk nu dat het slaan van een aanvaller, het duwen van een aanvaller of gewoon omgaan met de rauwe kracht van een aanval een opmerkelijk vergelijkbaar probleem is. In zelfverdedigingsscenario's is het redelijk om aan te nemen dat (gemiddeld) een aanvaller alleen zal jagen op wat als zwakkere slachtoffers wordt beschouwd. Door de kansen in het *voordeel van de verdediger te stapelen*, is het voor een persoon met minder indrukwekkende fysieke eigenschappen mogelijk om een kans te maken om te slagen tegen een sterkere tegenstander.

Veel krijgstradities spreken over dit doel van het combineren, verenigen en coördineren van de kracht van het menselijk lichaam met betrekking tot de ontwikkeling van explosieve slagkracht:

- Gecoördineerde gezamenlijke krachten (chinkuchi / チンクチ) van Okinawa karate

- Five Parts Power (ngo ki lat / 五肢力) van Ngo Cho Kun
- Six Powers (luk ging / 六勁) van Pak Mei
- Eight hard en Twelve Soft (ba gang, shi er rou / 八剛十二柔) van White Crane
- Zes harmonieën (liu he / 六合), gevonden in veel stijlen van Chinese krijgskunsten

Hoewel het vrij gebruikelijk is om deze eenmaking van macht op een ballistische manier te bespreken, te trainen en toe te passen voor opvallende doeleinden, is minder gebruikelijk een onderzoek naar hoe gebruik deze eenmaking van kracht voor zowel grijp- als blokkerings-/ontvangst-/overbruggingsacties, waar het even nuttig is.

Het toepassen van *verenigde* lichaamskracht kan helpen bij het duwen, trekken en draaien van tegenstanders voor grijp- en werpmanoeuvres, evenals het genereren van kracht die nodig is om pezen en ligamenten te scheuren om de polsen, ellebogen en schouders van sterkere tegenstanders te ontwrichten.

Worstelen

Bij worstelen bevestigt men de ledematen van de aanvaller aan ons lichaam en beweegt zijn of haar lichaam om de tegenstander onder controle te houden. Worstelen mag niet simpelweg armkracht tegenover armkracht zetten.

Een armstang die losgekoppeld is van het lichaam van de verdediger biedt weinig controle.

Wanneer de verdediger de armen naar zich toe trekt terwijl hij de musculatuur van de latissimus dorsi vergrendelt, en vervolgens het lichaam draait, kan een krachtiger slot of breuk worden toegepast.

Wanneer de lichaamskracht van de verdediger wordt verenigd tegen de geïsoleerde arm van de aanvaller, is het verschil in kracht en hefboomwerking gunstig voor de verdediger.

Dezelfde situaties kunnen zich voordoen op de lage lijn (van kata saifa, seisan, kururunfa of suparinpei).

Om maximale invloed te krijgen, moet de verdediger mogelijk de arm "vergrendelen" en lichaamsbeweging gebruiken om de aanvaller vanuit een sterke positie te *verplaatsen*.

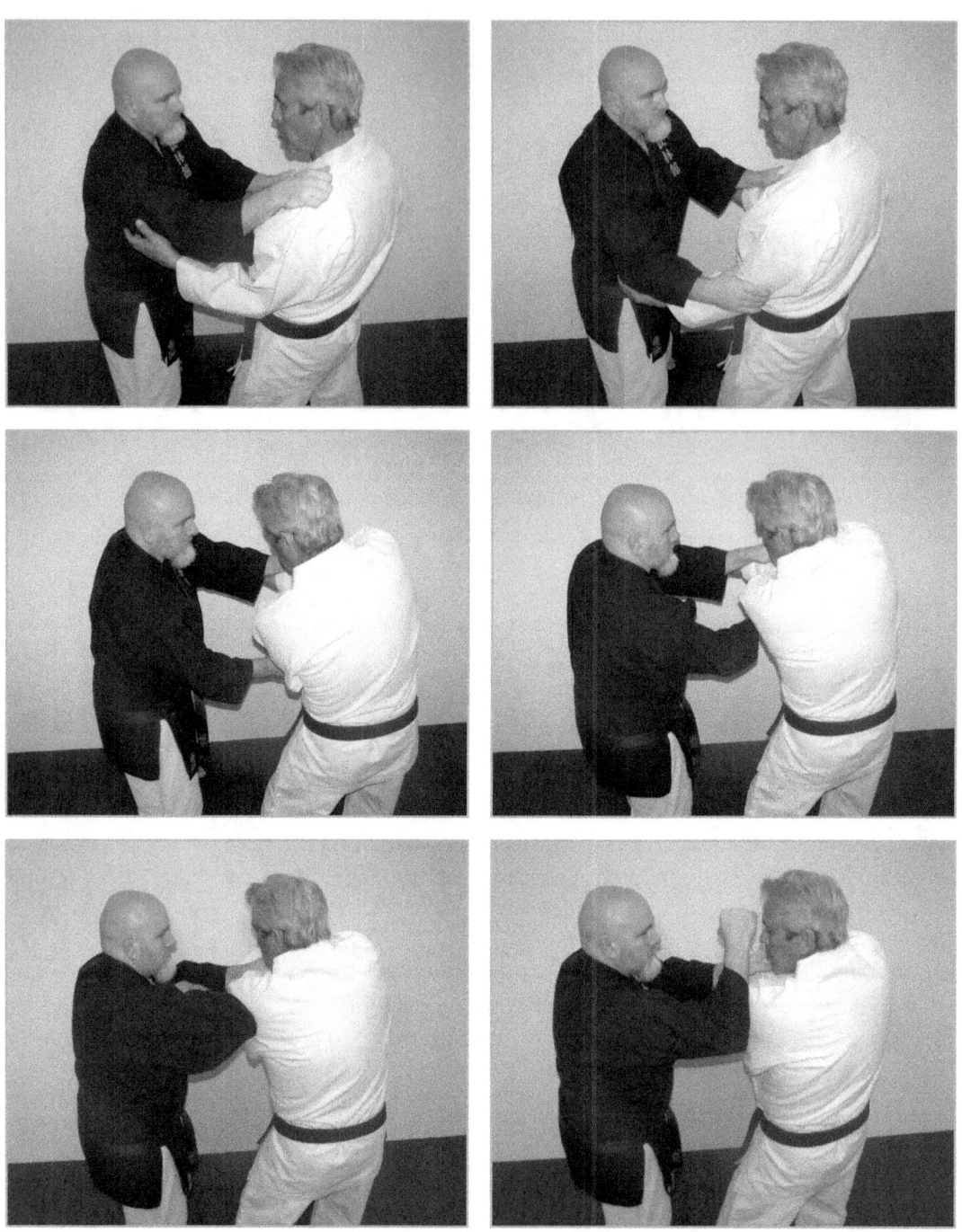

In dit voorbeeld verenigt de verdediger de structuur van zijn rechterarm door de arm van de aanvaller naar beneden en naar voren te bewegen met behulp van zijn kernspieren.

De verdediger geeft dan de controle over de schouder van de aanvaller door aan zijn rechterelleboog (2e segment) om een aanval op het gezicht met het 1e segment mogelijk te maken.

Acties blokkeren/ontvangen/overbruggen

Overbruggingsacties die beweging omvatten, profiteren ook van het verenigen van de armen met het lichaam en het verplaatsen van de aanvallersbrug met de kracht van de grotere spiergroepen van de rug en benen.

Pogingen om te duwen door alleen de extensie van de triceps-spier te gebruiken, zullen waarschijnlijk niet slagen in het verplaatsen van de aanvaller.

Wanneer de verdediger de arm op zijn plaats "vergrendelt" en duwt met een verenigd lichaam, kunnen de houding en het evenwicht van de aanvaller in gevaar komen.

Bij het trekken of draaien van de aanvaller is het concept hetzelfde... de handen creëren de verbinding, maar het lichaam verenigt zich om te draaien of te trekken.

Sterk versus zwak

Na een gedetailleerde studie van *overbrugging* kunnen we de structuur van de arm onderzoeken en zien dat de bovenarm sterker is, maar minder mobiel, terwijl de onderarm meer mobiliteit heeft, maar minder kracht.

De bovenarm is "sterker" omdat de arm functioneert als een "*class-three lever*", een klassieke machine. De bovenarm bevindt zich dichter bij het draaipunt (het gewricht) en kan daardoor zwaarder worden belast.

De onderarm daarentegen bevindt zich verder van het steunpunt en is daarom niet in staat om zonder hulp een gelijkwaardige belasting te dragen.

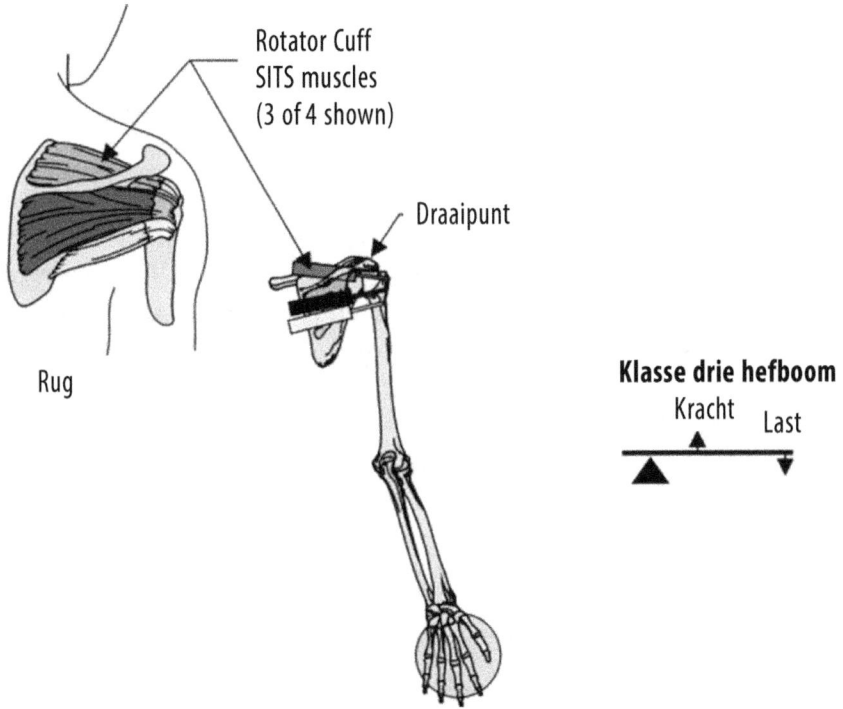

De schouder is een "class-three lever", net als de elleboog.

Het is belangrijk om te onthouden dat het deel van onze arm (of de arm van onze tegenstander) dichter bij het schoudergewricht *sterk* is, terwijl het deel van de arm verder van het schoudergewricht *zwak* is. We kunnen verwijzen naar het principe van *sterk versus zwak* als een herinnering aan hoe we ervoor kunnen zorgen dat onze overbruggingstoepassingen profiteren van de best mogelijke kracht.

Bij het overbruggen is het belangrijk om te begrijpen (en uiteindelijk te voelen) of u zich in een *zwakke of sterke* positie bevindt die gunstig is voor uw beoogde toepassing op basis van zowel kracht als mobiliteit.

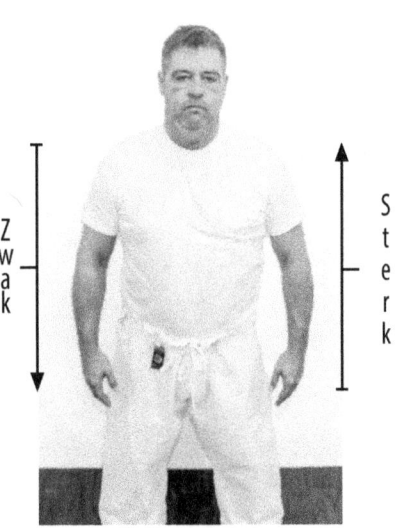

Onthoud dat bij het overbruggen een willekeurig aantal combinaties van contact mogelijk is:

1. Verdediger is zwak tot zwakte van de aanvaller
2. Verdediger is zwak tot sterkte van aanvaller
3. Verdediger is sterk tot zwakte van de aanvaller
4. Verdediger is sterk tot sterkte van aanvaller

Bedenk dat sterk meestal ook gelijk staat aan minder mobiliteit en dat zwak meestal gelijk staat aan meer mobiliteit. Bij het analyseren van toepassingen in termen van zwak versus sterk, moet ook rekening worden gehouden met mobiliteit.

Enkele algemene vuistregels zijn de volgende:

1. Wanneer je sterk op zwak inschakelt, pas dan je kracht snel toe voordat ze losraken of naar een betere locatie gaan.

2. Als je zwak op sterk hebt ingezet, verlies je waarschijnlijk bij het toepassen van kracht en voordeel, dus ontkoppel, kruis of beweeg snel.

Om enkele specifieke voorbeelden van sterk versus zwak te bespreken, moet u er verder rekening mee houden dat de bovenarm een gedeelte heeft dat dichter bij de schouder ligt. Dit kan worden beschouwd als de sterken van de sterken.

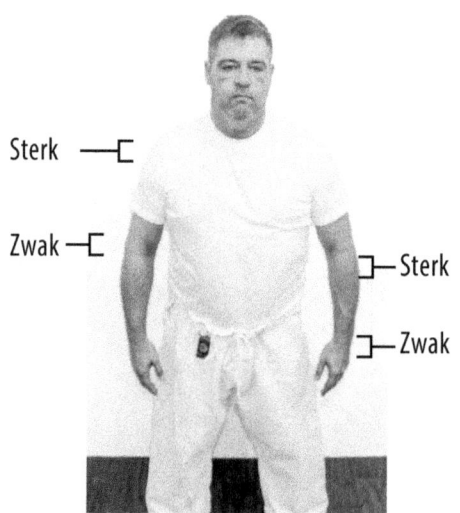

De bovenarm heeft ook een gedeelte verder van de schouder, bij de elleboog. Dit kan worden beschouwd als de zwakke van de sterken.

Dezelfde overweging kan worden toegepast op de onderarm... het gebied van de onderarm bij de elleboog zou het sterke van de zwakken kunnen worden genoemd, en het polsgebied, het zwakke van de zwakken.

Vier primaire contactpunten: 1) Sterk van de sterken: 2) Zwak van de sterken; 3) Sterk van de zwakken; en 4) Zwakke van de zwakken.

Als we een relatieve schaal van hefboomwerking (1 tot 100) creëren voor de vier belangrijkste contactpunten, kan het er ongeveer zo uitzien als de volgende afbeelding:

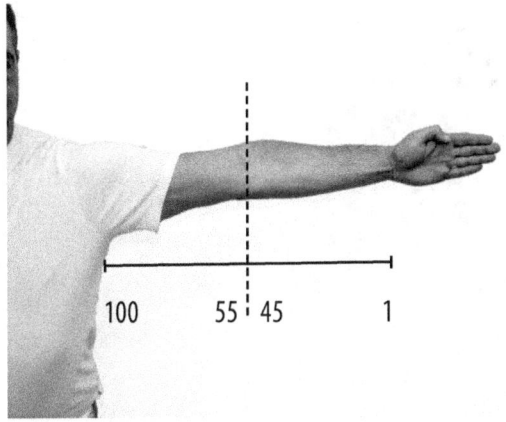

1. Hefboomwerking 100 – Sterk van de Sterk (schouder)

2. Hefboomwerking 55 – Zwak van de Sterk (net boven de elleboog)

3. Hefboomwerking 45 – Sterk van de Zwak (net onder de elleboog)

4. Hefboomwerking 1 – Zwak van de zwakken (pols)

Let op de relatieve nabijheid in locatie, en dus hefboomwerking, van de sterke van de zwakke en de zwakke van de sterke contactpunten. Terwijl de locatie net boven de elleboog iets sterker is dan de locatie onder de elleboog, is de locatie onder de elleboog aanzienlijk mobieler vanwege de nabijheid van het ellebooggewricht. De sterke van de zwakke is bijna net zo sterk als de locatie boven de elleboog, maar kan ook veel sneller van richting/hoek van energie veranderen en met minder noodzaak om het hele lichaam te bewegen.

Doorgaans houdt de toepassing van sterk op zwak in dat de verdediger zijn meer mobiele sterke van de zwakke (hefboomwerking van 45) toepast tegen de zwakke van de sterke van de aanvaller (hefboomwerking van 55).

Dit klinkt in eerste instantie misschien als een verliezende strategie; de verdediger kan echter de kansen in hun voordeel blijven stapelen door een verenigd lichaam en de drie segmenten toe te passen naast de hefboomwerking, die gemakkelijk kan worden versterkt tegen het kleine, relatieve verschil in hefboomwerking alleen.

Het hoge blok, wanneer toegepast op "sterk van de zwakken" tegen "zwakke van de sterken", heeft doorgaans voldoende hefboomwerking om effectief te zijn.

Deze positie maakt het ook mogelijk om hoger of lager te schakelen, afhankelijk van de specifieke hoogte, hoek en energie van de aanvaller.

Het toepassen van het hoge blok, pols ("zwak van de zwakke") tegen de elleboog ("zwak van sterk"), met een relatieve hefboomwerking van 1 tegen 55, resulteert er doorgaans in dat de aanvaller de verdediger overmeestert.

Hetzelfde geldt voor het ontvangen van aanvallen in de middellijn. Wanneer 'sterk van de zwakken' wordt toegepast tegen 'zwakke van de sterken', is er doorgaans voldoende hefboomwerking om effectief te zijn en is mobiliteit nodig om zich aan te passen aan normale veranderingen in hoogte, hoek en druk.

Net als het hoge blok, kan het middelste blok dat wordt toegepast zonder rekening te houden met "sterk versus zwak" (1 vs 55) gemakkelijk worden overmeesterd door een aanvaller.

Wanneer *sterk versus zwak* wordt toegepast, kan de verdediger gemakkelijker extra controle uitoefenen door een tegenstander uit balans te brengen of zijn voortdurende aanvallen te onderdrukken.

Een verdediger die een lage blok toepast met *sterk versus zwak* in gedachten, heeft een grotere kans op succes bij het draaien van de aanvaller en vervolgens met dezelfde hand doorstoten.

Evenzo kan een verdediger, die niet de juiste hefboomwerking toepast, gemakkelijker worden gecounterd door een aanvaller.

Val de houding en/of balans van de tegenstander aan

Zoals kort besproken in het gedeelte over "Vormen van controle" in hoofdstuk 2, kan het verstoren van de houding en het evenwicht van je tegenstander om verschillende redenen een zeer gunstige vorm van controle zijn:

1. Het kan de OODA-lus van de aanvaller verstoren (zie hoofdstuk 3 'Timing'-sectie).

2. Het kan hun vermogen om extra aanvallen uit te voeren met kracht op doel verstoren.

3. Het kan openingen creëren die de verdediger kan benutten.

4. Het begint het proces van het uit balans brengen van een tegenstander, wat niet zo gemakkelijk kan worden genegeerd als pijn.

Hoewel veel van de vormen van controle kunnen worden gezien als een bijzondere voorkeur om een woordenwisseling te beëindigen, kan het aanvallen van de houding/het evenwicht van de tegenstander in plaats daarvan worden gezien als analoog aan 'zout', in die zin dat zout over het algemeen de meeste voedingsmiddelen 'beter' laat smaken, Het aanvallen van de houding/balans van de tegenstander is iets dat kan bijdragen aan de effectiviteit van bijna elke beweging die wordt uitgevoerd door de verdediger en verbonden is met de aanvaller, of het nu gaat om het blokkeren van ontvangen, grijpen of slaan.

Er zijn twee primaire benaderingen die vaak voorkomen bij het effectief aanvallen van de houding/balans van de tegenstander: 1) Het zoeken naar het centrum van de aanvaller, en 2) Het toepassen van een of meer van de vier primaire richtingsenergieën van de Zuid-Chinese vechtsporten (zinken, drijven, spugen, slikken).

Zoek het centrum

Of je nu aanvalt met een slag of enige vorm van duwende of trekkende actie, het is belangrijk om het massamiddelpunt van de tegenstander te zoeken, meestal weergegeven door hun ruggengraat.

 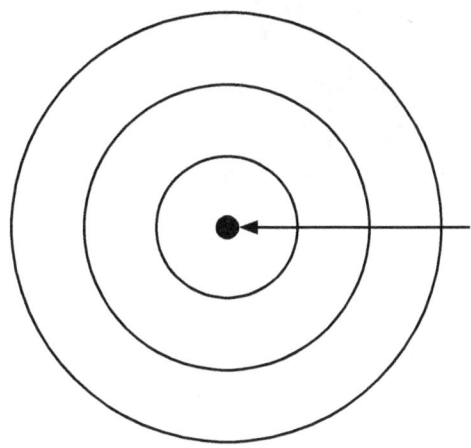

Een slag of duw die direct op het centrum van de aanvaller is gericht, levert eerder maximale energie aan het doelwit.

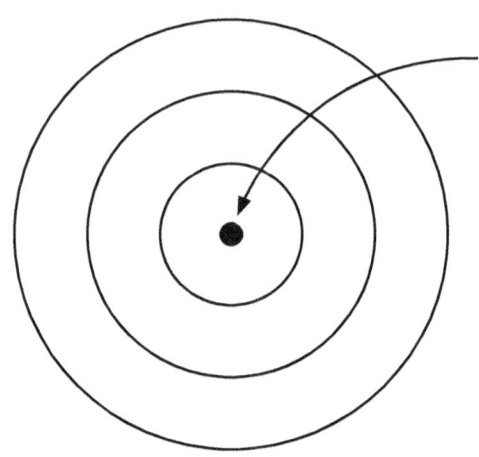

Een cirkelvormige of indirecte aanval kan nog steeds maximale penetratie in het doelwit opleveren, als het richtpunt zich in het zwaartepunt van de aanvaller bevindt.

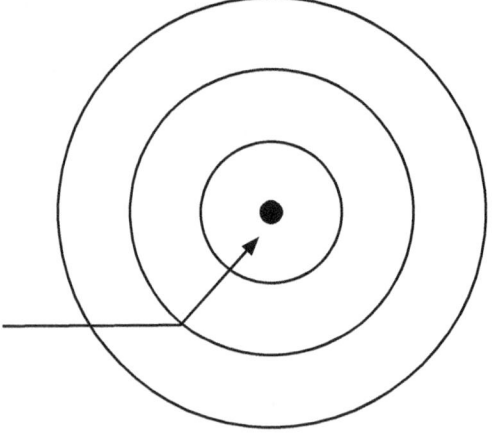

De armen van de aanvaller zijn verbonden met het centrum van de aanvaller en kunnen daardoor door de verdediger worden gebruikt om energie over te dragen aan de aanvaller.

Een slag of duw waarvan de kracht of de hoek niet op het massamiddelpunt is gericht, zal waarschijnlijk minder energie rechtstreeks in het doelwit afleveren, aangezien zowel opzettelijke als onopzettelijke rotatie veroorzaakt door de aanvaller of verdediger de effecten van die kracht op de aanvaller vermindert. Verloren energie zorgt er meestal voor dat de aanvaller draait, waarbij waardevolle penetrante energie wegspringt als een steen die over het oppervlak van een vijver wordt gesprongen, en, in het ergste geval, daadwerkelijk kracht verleent aan de inkomende aanval van de aanvaller.

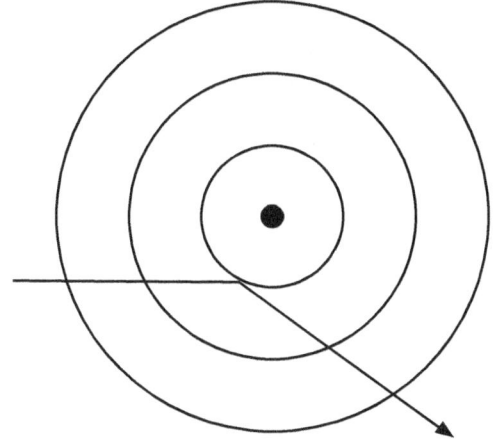

Indringende energie gaat verloren als een deel van de energie de aanvaller roteert.

Net als stakingen, hebben blokken die ook de houding of het evenwicht van een aanvaller proberen te verstoren, een grotere kans op succes wanneer ze op het centrum van de aanvaller worden gericht.

Als de aanvaller draait terwijl de verdediger druk probeert uit te oefenen op het centrum, kan de verdediger de elleboog (2e segment) gebruiken om het centrum opnieuw te veroveren en te verstoren.

Wanneer deze druk niet op het midden is gericht, kan de aanvaller gemakkelijker draaien en een tegenaanval uitvoeren, zoals in dit voorbeeld:

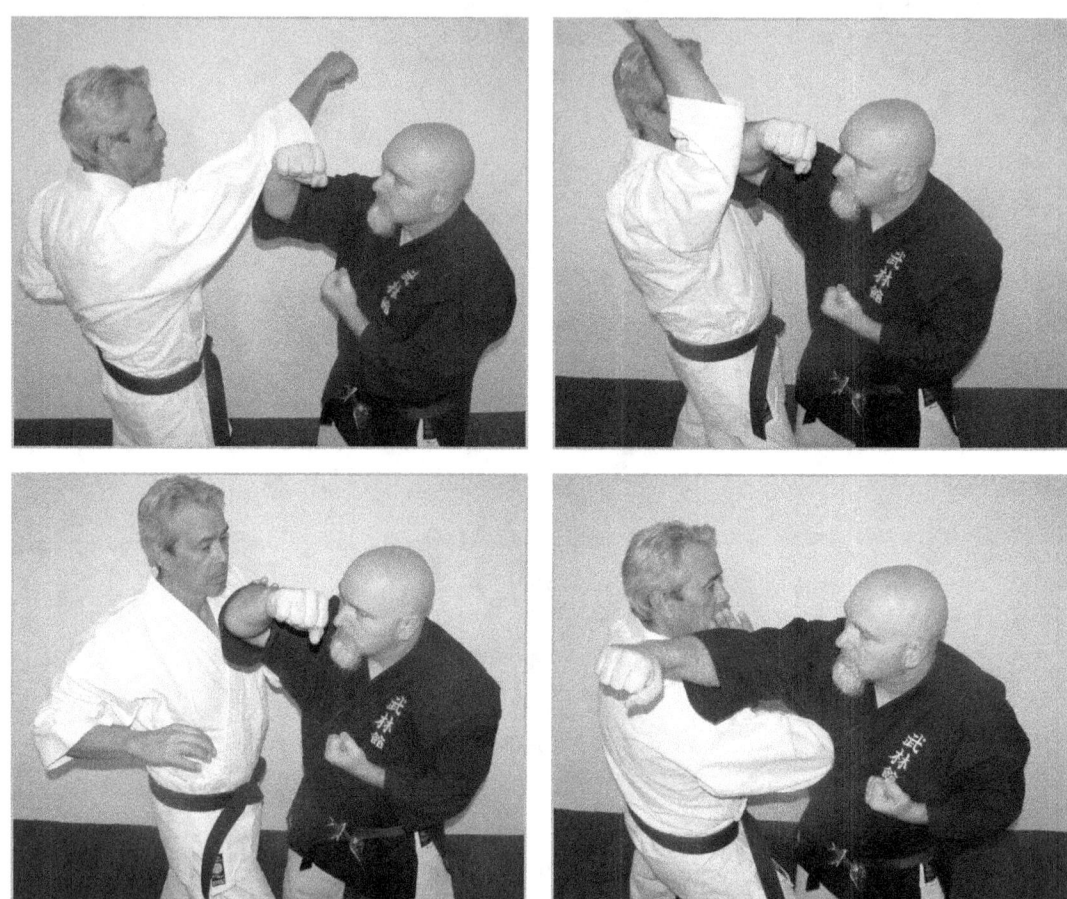

Wanneer de verdediger de druk in verticale richting uitoefent, kan de aanvaller draaien, terugtrekken en van onderaf aanvallen.

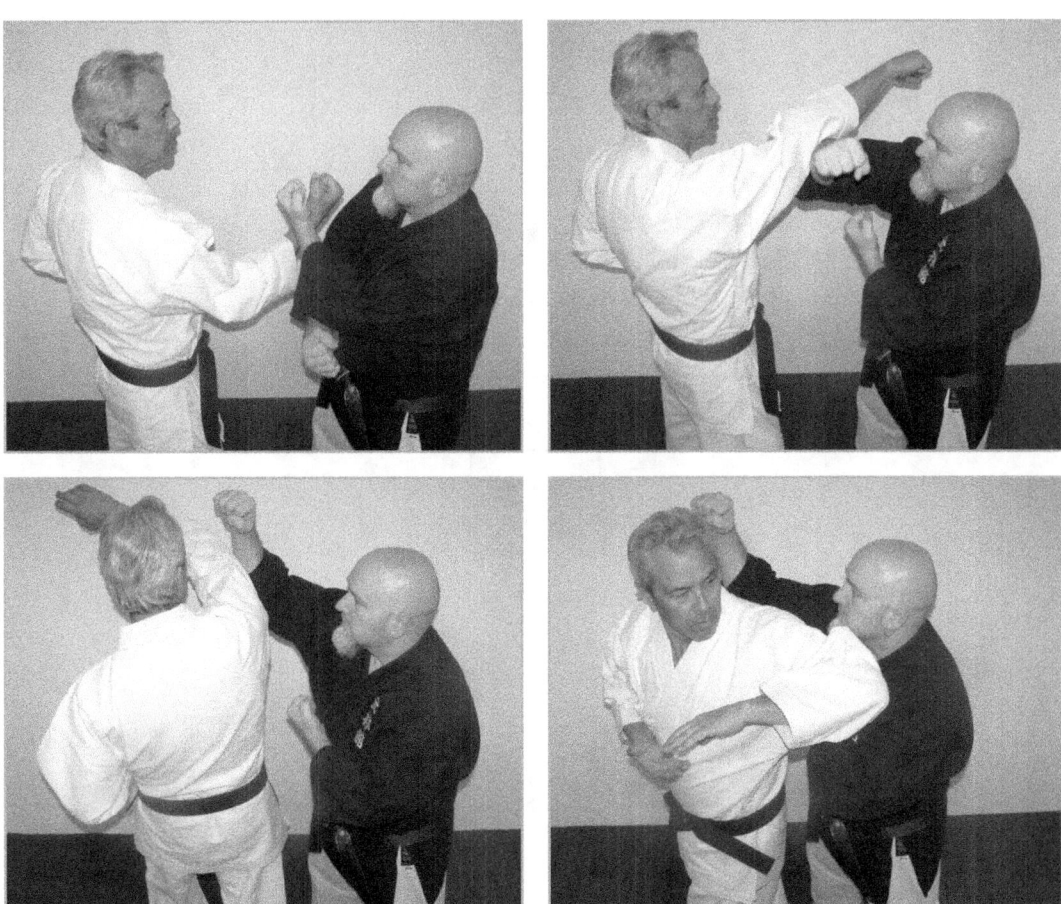

Als de druk van de verdediger horizontaal wordt uitgeoefend, kan de aanvaller draaien en de verdediger raken met een achterwaartse elleboog.

Twee drukpunten gebruiken

Als je slechts één arm gebruikt om druk uit te oefenen op het midden van de tegenstander, kan de tegenstander mogelijk snel genoeg reageren om te draaien en die kracht van het midden af te leiden.

Door echter twee armen te gebruiken, kunt u de druk "drie hoeksgewijze" bepalen om het midden van uw tegenstander te beïnvloeden. Hiermee worden twee dingen bereikt:
1) De kracht wordt gemakkelijker naar het centrum geleid; en

2) Helpt om te voorkomen dat de tegenstander wegdraait van uw druk.

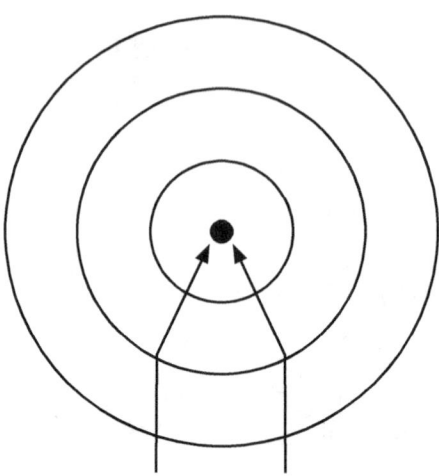

Triangulation of force

Twee raakpunten op de aanvaller maken het voor de verdediger mogelijk om makkelijker hun houding en evenwicht te verstoren.

De verdediger kan twee armen gebruiken om de arm van de aanvaller te vergrendelen en de arm gebruiken om de aanvaller uit balans te brengen, aangezien de arm rechtstreeks is verbonden met het midden van de aanvaller.

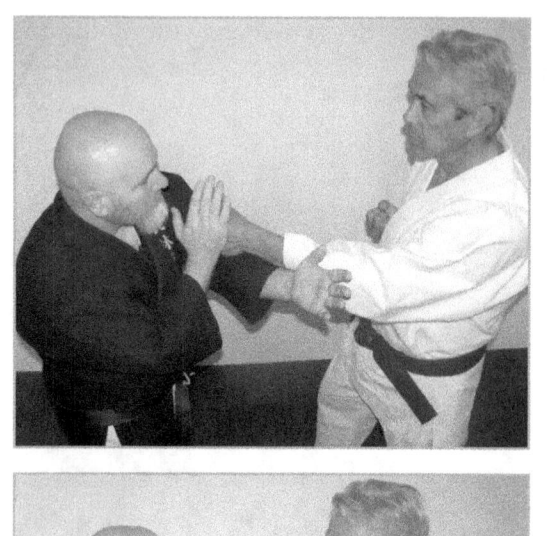

(andere kant)

In het voorbeeld op pagina 186 gebruikt de verdediger de twee bewegingen van een "typisch" middenblok om twee stoten van de aanvaller te ontvangen. Terwijl hij de rechterarm van de aanvaller met zijn linkerhand vasthoudt, gebruikt hij zijn rechterhand (1e segment) om de triceps te haken en de rechterelleboog (2e poort) om eerst te slaan en vervolgens een worp uit te voeren. (Dit is een voorbeeld van de shisochin kata-armstang vanuit de binnen positie.)

Verdedigen tegen twee drukpunten

Een primaire verdediging tegen twee drukpunten die driehoekig zijn tegen je midden is om een van de armen van de aanvaller van zijn locatie te "strippen", wat de aanvaller vervolgens dwingt om: 1) te proberen de gestripte arm opnieuw in te schakelen om door te gaan; 2) Verander de richting van energie met hun resterende bevestigingspunt en probeer verder te gaan met slechts één contactpunt; of 3) Laat de tactiek helemaal los.

Meestal wordt deze strip- of splijtbeweging uitgevoerd met een energie die in twee richtingen beweegt.

In dit voorbeeld vindt de splitsing van de energie van de aanvaller plaats net voordat de aanvaller contact maakt met de verdediger (een uitdrukking van chu/ge uke uit seiunchin kata).

Dit soortgelijke voorbeeld laat zien waar de splitsende energie van de verdediger zijn rechterhand lager brengt. In dit geval gebruikt de verdediger het dichtstbijzijnde wapen, het dichtstbijzijnde doelwit om de lies te raken met het 1e segment en de kin met het 2e segment.

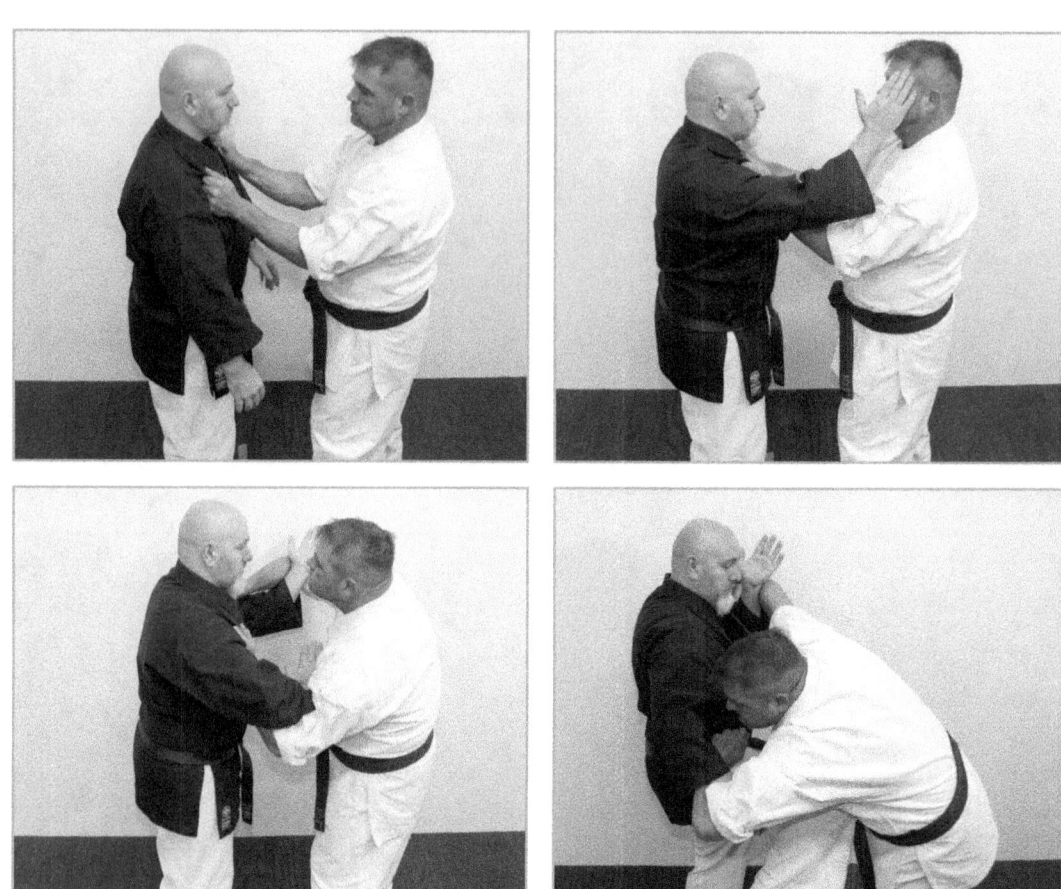

In dit voorbeeld heeft de aanvaller volledig contact met de kleding van de verdediger. Verdediger slaat in het gezicht op weg naar het splitsen van de energie van de aanvaller, opent het midden voor een knie aanval op de milt (van saifa kata).

In deze situatie houdt de aanvaller de arm van de verdediger tegen zijn lichaam. Verdediger draait naar rechts en stript dan een arm met osae (drukken), waarbij hij met een backfist op het gezicht van de aanvaller slaat. (Een voorbeeld van seiunchin kata)

Nogmaals, de verdediger moet voorkomen dat hij probeert een contactpunt dicht bij de schouder te ontdoen, omdat de kans dat hij door de aanvaller wordt vastgehouden groter wordt.

Pas de vier bewegingsconcepten toe

De vier primaire bewegingsconcepten (sei noi biuging / 四內標勁) van het Zuid-Chinese boksen beschrijven verschillende primaire opties voor het verstoren van de houding en het evenwicht van een aanvaller, en kunnen het gemakkelijkst worden toegepast op een tegenstander zodra zijn centrum beschikbaar is voor uitbuiting:

1. **Zinken** (chaam / 沉) - Deze zwaarte kan de bewegingen van het onder- en bovenlichaam van de aanvaller beperken

沉：如泰山壓頂
Zinken: zoals Mount Tai naar beneden drukken

2. **Zweven** (fau / 浮) - Als een deel van hun lichaam wordt opgetild dat is verbonden met hun kern, kan de aanvaller zich ernstig zorgen maken over zijn eigen vermogen om het evenwicht te bewaren

浮 ： 如 飛鳶定地
Zweef: als een vlieger vliegt

3. **Spugen** (tou / 吐) – Het projecteren van kracht op de aanvaller kan hun evenwicht verschuiven, waardoor ze een stap zetten of uit het midden projecteren, en resulteren in een rotatie van hun lichaam.

吐 ： 如猛虎出林
Spugen: als een woeste tijger het bos verlaat

4. **Slikken** (tun / 吞) – Trekken aan de aanvaller kan zijn structuur verstoren of draaien op dezelfde manier als spit.

吞 ： 如 貓兒戲鼠
Slikken: als een jonge kat speelt met een muis

Middenblok - De standaardvorm van het buitenste middenblok is een neerwaartse wig.

Deze vorm past het gemakkelijkst een neerwaartse, **zinkende** energie toe.

Hetzelfde geldt voor het naar binnen gerichte middenblok.

Door ofwel naar een opwaartse elleboog te verschuiven, wordt de kracht naar boven geleid, waardoor de tegenstander zweeft.

Het buitenste hoge blok is een vorm die perfect geschikt is om een tegenstander te laten **zweven**.

De verdediger demonstreert een voorbeeld van **spugen** dat kan helpen bij het draaien van de aanvaller ter voorbereiding op een worp of gewoon de schouder vast te zetten om een stoot te voorkomen. Een trek aan de nek demonstreert **slikken**.

Elke stoot, duw of directe slag is een voorbeeld van **spugen**.

Het gebruik van de sanchin-trekbeweging om het centrum van de aanvaller te openen is een voorbeeld van **slikken**.

Een kruisblok dat een lage-lijnstaking overbrengt naar een trekkende combinatie van laag blok/elleboog, demonstreert **slikken** (van kururunfa kata).

Afbuigende stoten kunnen een combinatie van **spugen** en **zinken** demonstreren ...

... of **spugen** en **drijven**.

Korte kracht

Om krachtige aanvallen in het clinch-bereik uit te voeren en ten volle te profiteren van principes die agressieve, voorwaartse druk mogelijk maken, zoals het dichtstbijzijnde wapen/dichtstbijzijnde doelwit, het wapen paraat houden, vooruit blijven gaan / obstakels opruimen, is het nuttig om te ontwikkelen wat wordt meestal ofwel "**korte kracht**" (duan jin /) of "**inch kracht**" (cun jin /) genoemd in de Zuid-Chinese krijgstradities.

Door het ontwerp vereist het slaan met *korte kracht* geen grote "wind-up" of pull-back, die door de aanvaller kan worden uitgebuit.

Wanneer een verdediger zich terugtrekt om "te eindigen" voor een stoot, maakt de aanvaller gebruik van de terugtocht.

Hoewel slaan met een goed *gecoördineerd en verenigd lichaam* helpt bij het leveren van kracht vanaf korte afstand, zijn er een paar andere overwegingen bij het proberen om zowel te trainen als *korte kracht* te leveren.

Het hele lichaam erbij betrekken, en dan "Pop the Clutch"

Omdat onze kracht vaak voortkomt uit rotaties van de heupen en romp via contact vanaf de grond in een gecoördineerde keten langs het lichaam, kan de kracht door het lichaam worden uitgedrukt en dan, op het laatste moment, "verbonden" worden met de armen in hetzelfde manier waarop een auto met een handgeschakelde versnellingsbak de motor kan laten accelereren terwijl hij in neutraal staat, en vervolgens "de koppeling intrapt" om de motor via de transmissie aan de wielen te koppelen voor een snelle start.

Met deze benadering kan kracht worden toegevoegd aan een stijve arm of stotende elleboogstoot zonder eerst terug te trekken.

Gestrekte arm, aangedreven door het onderlichaam en de kern (van shisochin kata).

Dezelfde vorm van krachtoverdracht met een stijve arm vanuit de kern kan worden gebruikt vanuit de lage blokpositie.

Op kortere afstand, in de clinch, kan de punt van de elleboog in het borstbeen worden gedreven ... en dit is opnieuw aangedreven door de benen en rotatie van de kern en de romp.

Training - stijve arm tegen pad of zware tas. Gebruik dezelfde rotatiekracht die wordt gebruikt in de fundamentele ponstraining.

U kunt ook de arm ontspannen en vervolgens vergrendelen of uitstrekken op een willekeurig punt tijdens de voorwaartse rotatie/stuwkracht.

Gecoördineerde ontspanning en zweepslagen

Stakingen profiteren van snelle acceleratie. Voldoende snelheid om verwoestende aanvallen te maken kan alleen worden bereikt als antagonistische spiergroepen zo ontspannen mogelijk zijn om te voorkomen dat spierparen elkaar tegenwerken.

De stijl Goju-ryu zou zijn vernoemd naar een van de regels van de zogenaamde "Acht wetten van de vuist" (拳法之大要八句), een gedicht van acht regels uit de Okinawan Bubishi. Het concept van gang-rou ("goju"/"hard & soft") is echter fundamenteel voor alle vechtsporten van Fuzhou en Hakka, en is een concept dat cruciaal is voor de ontwikkeling van explosieve kracht.

Gedichten zoals die hieronder uit Five Ancestor Boxing zijn te vinden in de meeste Zuid-Chinese krijgstradities:

全刚易折、全柔易缠，刚柔相济、操胜在手

Allemaal hard...gemakkelijk te breken, allemaal zacht...gemakkelijk verstrikt
Hard en zacht samenwerken, de overwinning is nabij

Het idee dat hard en zacht allebei een plaats hebben in vechtsporten en moeten worden gecoördineerd, is de sleutel tot veel methoden om explosieve kracht uit te drukken (fajin / 發勁). Hoewel veel stijlen zoals Goju-ryu mondelinge leerstellingen hebben, zoals "blijf ontspannen tot het moment van de impact en span dan je hele lichaam aan", kan het opmerkelijk moeilijk zijn om dit te doen.

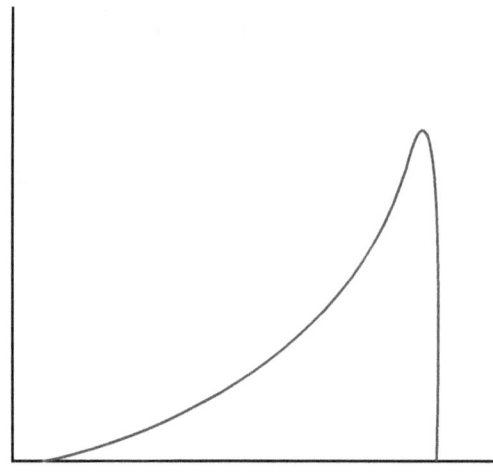

Grafiek van acceleratie en vermogensverlies

Eén oefenmethode die kan helpen bij het ontwikkelen van zowel ontspanning voor en na een slag komt van Shouting Crane's (minghequan/鳴鶴拳) fundamentele stootoefening. Deze methode heeft een "zwepende" lichaamsmechanica, vergelijkbaar met een opwaartse "uraken" (back-knuckle strike), en de trainingsmethode helpt bij het identificeren en focussen op ontspanning.

Vanuit een volledig ontspannen houding draaien de heupen en wordt de energie naar boven door het lichaam uitgedrukt naar de schouder, elleboog en pols, waar er een kortstondige "knijp" is. Vervolgens wordt de lichaamsspanning zo snel mogelijk weggenomen en wordt 100% van de spanning uit de arm gehaald, die vervolgens daalt en de beoefenaar op natuurlijke wijze op de dij slaat.

Zweepslag van Minghequan

Deze stijl van trainen is gunstig omdat het helpt bij het ontspannen voordat u slaat om de spierspanning van de niet-primaire spier in elk spierpaar dat bij de slag betrokken is, te verminderen of volledig te verwijderen, wat helpt bij acceleratie.

Een bijkomend voordeel van deze training is het vermogen om na een staking weer moedwillig te ontspannen om voorbereid te zijn op de volgende staking. Dit vermogen om te ontspannen na een slag kan de "oplaadt tijd" tussen effectieve slagen verkorten.

Twitch, niet duwen

Een belangrijk aspect van het slaan met korte kracht op een manier die effectief is in clinch-achtige situaties, is het inschakelen van een "spannende" actie van de spieren, vergelijkbaar met de hypnagogische schok die soms optreedt als je in slaap begint te vallen. Door langzame versnelling te gebruiken, kan de aanvaller daarentegen de volgende zet voelen en erop anticiperen, en kan hij of zij zich aanpassen aan de beweging van de verdediger.

In White Eyebrow (白眉) wordt dit beschreven als "shock power" (驚勁):

驚勁: 如受火燒或針刺突然反應發出的勁

"Schokkracht: zoals de kracht die plotseling wordt uitgegeven wanneer je je verbrandt of door een naald wordt geprikt."

Sanchin-frame - stoot zonder terug te trekken, met behulp van een trillende actie

Oefen dezelfde "trillende" bewegingen vanuit blokkeerposities

Overweeg om de schouder in te schakelen

Sommige Zuid-Chinese tradities, zoals White Eyebrow (白眉) en Feeding Crane (食鶴拳) zorgen voor extra versnelling en penetratie door training om het bewegingsbereik en de kracht van de schouderwagen te vergroten, wat afzonderlijk of in combinatie kan worden uitgedrukt met een heup impuls.

Fundamentele oefening voor bewegingsbereik in de schouderwagen: met gestrekte armen, buig de schouders naar achteren en naar voren.

Partner pad-oefening met voorwaartse elleboog, alleen met behulp van schouderbeweging

Hoewel de hier gedemonstreerde oefeningen specifiek betrekking hebben op de voorwaartse beweging van de schouder, zijn er talloze methoden om de schouder op, neer, terug en in diagonale richtingen te trainen, die buiten het bestek van dit werk vallen.

Wees de eerste om de energie te veranderen

In Chinese vechtsporten wordt het sleutelwoord *hua* (化) vaak gebruikt om situaties van **verandering** of **transformatie** te beschrijven. Vanuit een krijgshaftig perspectief is *verandering* een belangrijke herinnering om niet al te gehecht te zijn aan het idee van een specifieke techniek, zodat we, als we ertegen zijn, snel onze tactieken kunnen veranderen om het hoofd te bieden aan de veranderende situatie waarmee we worden geconfronteerd.

Weerstand bieden in een enkele richting is relatief eenvoudig... we passen onze houding aan en zetten extra ondersteunende spieren in om weerstand te bieden aan een enkelvoudige druk. Het weerstaan van *veranderende* druk is echter opmerkelijk moeilijk om de eerder besproken redenen die verband houden met *timing*. Het weerstaan van een verandering in druk brengt de persoon die weerstand biedt in het *hierna*, wat duidelijk een onwenselijke situatie is.

Mensen hebben het moeilijk om afgestemde en gecoördineerde weerstand in meerdere richtingen te bieden. Een uitgestrekte arm kan gemakkelijk weerstand bieden aan een neerwaartse druk, maar niet de toevoeging van bijvoorbeeld een plotselinge en onverwachte zijwaartse duw.

Deze strategie wordt geïllustreerd door het Chinese gezegde:

四两拨千斤

"gebruik vier ons om duizend pond omver te werpen"

De eerste zijn die de energie verandert, is een verfijning en uitbreiding van het timingconcept rond het proberen om het voorgaande onder de knie te krijgen, maar toegepast op situaties waarin langdurig contact bestaat en druk tussen de aanvaller en verdediger elkaar hebben geneutraliseerd.

Stagnerende situaties

Wanneer een aanvaller en verdediger elkaar ontmoeten/matchen met kracht, zowel hoek als druk, is het belangrijk om als eerste de hoek en druk van de energie te veranderen.

Door de eerste te zijn, wordt die persoon natuurlijk *in het voorgaande* geplaatst, waardoor de tegenstander wordt gedwongen om *in het erna* te reageren.

Aanvaller en verdediger staan in een impasse van druk op de buitenste positie. Verdediger pelt de brug weg naar buiten en glijdt met een elleboog naar het midden (een uitdrukking van seiunchin kata).

Verdediger gooit een cirkelvormige stoot naar de aanvaller, waartegen de aanvaller zich verdedigt. Verdediger laat zijn elleboog zakken en verandert zijn stootenergie naar beneden, waardoor de arm van de aanvaller naar beneden wordt getrokken en het gezicht van de aanvaller wordt geopend voor een tweede stoot.

Verdediger ontmoet de stootenergie van de aanvaller met een binnenblok met de verkeerde hand, maar verandert dan onmiddellijk de blokkeerenergie naar beneden, draait de aanvaller en beweegt de verdediger weg van de tweede stoothand van de aanvaller. Verdediger countert tegen de kaak.

Hoewel je als *eerste de energie kunt veranderen*, zou kunnen worden beschouwd als "gewoon" een herformulering van ons begrip van timing, zijn er twee hoofdredenen om dit principe te isoleren van *timing*.

Ten eerste is het niet altijd meteen duidelijk dat een situatie heeft geleid tot stagnerende (gematchte/tegengestelde/geneutraliseerde) druk. Een natuurlijk menselijk instinct is vaak om te blijven proberen om de techniek die wordt tegengewerkt te "voltooien", terwijl de waardevollere getrainde reactie is om snel de eerste benadering te verlaten, de energie *te veranderen en door te gaan met het vrijmaken van obstakels*.

Ten tweede kan het begrijpen van dit principe helpen om "je ogen te trainen" om toepassingsvoorbeelden die je anderen misschien ziet uitvoeren beter te begrijpen, zelfs in stijlen die heel anders zijn dan die waarin je traint. Veel toepassingen die u anderen misschien ziet uitvoeren, zijn grotendeels succesvol omdat ze de controle over *het voorgaande* hebben overgenomen door een drukgerelateerde patstelling te identificeren en als *eerste te veranderen*. Deze situatie is misschien niet zo voor de hand liggend, vanuit een timingperspectief, als een opvallende manoeuvre, en het is erg nuttig om het begrip en de woordenschat te hebben om te identificeren waarom een bepaalde toepassing zeer succesvol is.

Hoofdstuk samenvatting

Hoofdstuk 5 was gericht op concepten rond macht, hefboomwerking en druk.

We hebben enkele voordelen besproken van het *verenigen* van het lichaam, om grotere spiergroepen het beste te kunnen gebruiken, en bespraken vervolgens het hefboomconcept van *sterk versus zwak*, waarbij we contactpunten op de verdediger en aanvaller identificeerden die het nut van beweging maximaliseren tijdens het inschakelen met de best beschikbare hefboomwerking.

Een van de belangrijkste vormen van *controle* die in hoofdstuk 2 worden besproken, is hoe je de *houding en het evenwicht van de tegenstander* kunt aanvallen. Deze techniek werd verder besproken in de context van het continue bieden van extra controle tijdens bijna elke aanhoudende omstandigheid van fysiek contact.

We identificeerden een fundamenteel concept, *op zoek naar het centrum*, en bespraken vervolgens hoe we deze benadering konden verbeteren door een of meer van de vier primaire bewegingsprincipes van de Fujiaanse krijgstradities te gebruiken: *zinken, drijven, spugen en slikken*.

Korte kracht, en de kritieke aard ervan bij het ondersteunen van andere gerelateerde principes in een clinchrange-krijgskunst, werd behandeld, samen met toepassingsvoorbeelden en een paar trainingsmethoden.

Ten slotte bespraken we een principe dat druk en timing combineert met een herinnering om snel situaties van gelijke druk tussen verdediger en aanvaller te identificeren, en om *als eerste de energie te veranderen* in die omstandigheden, ook wel aangeduid als het bevel voeren over **het voorgaande**.

6

Een onderwijsmodel voor progressieve vaardigheidsontwikkeling

Zoals kort besproken in hoofdstuk 1 ("Dus, HOE implementeer je een "principe gestuurd" model?"), kan de volledige waarde van een principe gestuurd model alleen worden benut als de principes worden ondersteund door een mentaliteit die vaardigheden belangrijker vindt dan memoriseren en is gekoppeld aan een onderwijsmodel dat de student geleidelijk in staat stelt om achtereenvolgens door alle drie de leerstadia te navigeren. Zonder deze voorwaarden blijven principes slechts een checklist waarmee men 'eenmalig' in het geheugen opgeslagen applicaties kan corrigeren.

Vanuit het perspectief van curriculumontwikkeling voor vechtsporten, worden de stadia van vaardigheid gestuurd leren ruwweg als volgt in kaart gebracht:

#	Stadia van leren	Vaardigheidsontwikkelingsmodellen
1	*Kennis*	Meerdere individuele, discrete oefeningen voor geïsoleerde ontwikkeling van vaardigheden, die elk een of meer principes of doelen van de kunst ondersteunen.
2	*Begrip*	Drills moeten het volgende mogelijk maken: 1. Koppel en combineer geïsoleerde vaardigheden 2. Zet vaardigheden in een bruikbare context 3. Benadruk overeenkomsten en verschillen tussen geïsoleerde vaardigheden

3	*Overdracht / Toepassing*	Een veilig platform, paradigma of trainingsmethode waarmee studenten het geleerde kunnen overdragen en toepassen: 1. Verken de grenzen van hun begrip, 2. Test aannames, 3. Druktesttechnieken, concepten en toepassingen, en 4. Experimenteer met alternatieven voor die van hun instructeur(s)

Stap 1 - Individuele vaardigheidsontwikkeling (kennis)

Tot nu toe hebben we meer dan dertig principes besproken die ons zijn overgeleverd vanuit verschillende krijgstradities die de toepassingspraktijken van een clinch-range, staand worstelen en slaan ondersteunen. In een paar gevallen hebben we specifieke, geïsoleerde oefeningen gedemonstreerd die kunnen helpen bij het informeren en aanleren van vaardigheden die verband houden met die discrete principes.

Helaas garandeert de ontwikkeling van een individuele vaardigheid om een op principes gebaseerd doel te ondersteunen niet dat de juiste vaardigheid zich op het juiste moment zal manifesteren om de vorm van controle te ondersteunen die op het kritieke moment nodig is.

In dit stadium zijn individuele vaardigheden nog steeds "eenmalig", zoals veel vooraf afgesproken applicaties zijn ... ze demonstreren een vooraf gedefinieerde reactie op een bepaalde situatie. Er ontbreken nog steeds verschillende dingen... de zekerheid dat de vaardigheid zal worden toegepast vanuit een gevoel van "gevoel" (of gewoon met heel weinig bewust nadenken) en dat het correct zal worden toegepast, gezien de vele opties die beschikbaar zijn voor de beoefenaar.

Een bepaald referentiepunt, "lead arm low", vereist bijvoorbeeld contact met de binnenkant van de arm van dezelfde kant van de tegenstander. Bij deze vaardigheid zijn er veel potentiële variabelen die leiden tot de "beste" reactie: welk been we allemaal naar voren hebben, de stijl van druk (zwaar, licht, ingetrokken/ontkoppeld), hoe ver ons lichaam naar voren leunde, precies waar we ons bevinden contact opnemen met onze "bruggen", gegeven wat we weten over de drie poorten en sterke versus zwakke techniek, enz.

Weten hoe je met dat eenvoudige scenario omgaat en de juiste principes toe te passen met behulp van hun gerelateerde vaardigheden is complex en moet grotendeels worden uitgevoerd zonder de luxe van bewust nadenken. Er is geen tijd om "uit te rekenen" of het juiste antwoord op te zoeken... we moeten deze situatie of een soortgelijke situatie "gevoeld" en ervaren hebben, en ons eerder "uitgevochten" hebben, als we de situatie snel en in ons voordeel willen oplossen. Individuele, geïsoleerde oefeningen helpen de student om onderdelen van die ervaring op te doen.

En laten we duidelijk zijn, als leraar zul je niet voor elke permutatie een oefening maken om elke student te helpen het "gevoel" te ontwikkelen dat nodig is om te kiezen tussen twee "opties" voor elk gegeven referentiepunt. Je zult hoogstwaarschijnlijk een niveau van geïsoleerde training geven dat effectief is in een bepaalde situatie, en dan de studenten vooruit helpen om andere individuele vaardigheden te leren die in latere lessen kunnen worden gekoppeld en gecombineerd.

Voor de voortgang van een student door de leerfasen, is het van cruciaal belang dat de leraar de opleidingstijd van de student niet in beslag neemt door het oefenen van reeds verworven vaardigheden. Als een leerling eenmaal een vaardigheid heeft ontwikkeld, moet hij of zij doorgroeien naar oefeningen die die vaardigheid uitbreiden, die vaardigheid koppelen aan andere vaardigheden, die vaardigheid in alternatieve situaties gebruiken of gewoon doorgaan met het leren van andere vaardigheden.

Het is ook erg nuttig voor de leraar om het beoogde doel(en) van elke oefening en oefeningsoptie duidelijk te verwoorden... welke vaardigheid(en) de oefening bedoeld is om te ontwikkelen, en welk(e) principe(en) worden ondersteund met die vaardigheden. Deze kennis stelt de student in staat om de traditie te "bestuderen", in plaats van alleen maar te "trainen" of te "oefenen". Aangezien elke oefening waarde heeft in een bepaalde richting en tekortkomingen in alle andere, kan het zowel student als leraar helpen om duidelijk te zijn over de beoogde waarde(n) van elke trainingsactiviteit, waardoor constante foutdetectie en -correctie mogelijk is met betrekking tot zowel korte als trainingsdoelen voor de lange termijn.

Hoewel het doel van dit boek is om een reeks conceptuele uitgangspunten met voorbeelden voor de duidelijkheid te bespreken en niet om een gecodificeerd of volledig curriculum op te stellen, hoopt de auteur dat de verstrekte informatie door de lezer kan worden gebruikt om geïsoleerde vaardigheden te wijzigen of te creëren. ontwikkelingsoefeningen die de principes ondersteunen die zijn geïdentificeerd en gewaardeerd in de eigen krijgstraditie van de lezer.

De meeste principes (en gerelateerde voorbeelden) die zijn geselecteerd voor opname kunnen worden opgenomen in elke kunstopleiding met betrekking tot het ontvangende, afwijzende of blokkerende deel van het leerplan... tijdens om de verdediger in staat te stellen de persoon te worden die de controle heeft over het voorgaande, waar bijna alles mogelijk wordt.

Stap 2 - Gecombineerde vaardigheden met "selectie" (begrijpen)

Om de student voor te bereiden op een echt vrij gevecht, is het belangrijk om studenten te helpen hun vaardigheden toe te passen op manieren die omgaan met variaties van druk, timing en fysieke referentiepunten.

Voor elke oefening voor het ontwikkelen van vaardigheden is het handig om meer dan één scenario toe te voegen als een "trigger" om de verschillende opties in een vergelijkbaar scenario te begrijpen, zodat de verdediger op agressie kan reageren met een aantal beschikbare opties, zoals de volgende:

- Dodelijke of minder dodelijke opties tegen een aanvaller,
- Beslissen om van buiten naar binnen te gaan, of omgekeerd,
- Reageren met een grijpmanoeuvre of herhaaldelijk uitschakelen om te focussen op schoppen

Om een voorbeeld te geven, presenteren we een oefening voor het opruimen van obstakels, met als doel de verdediger een reeks vaardigheden te bieden in het omgaan met obstakels/blokkades, gegeven enkele specifieke en veelvoorkomende variaties in die situatie. Deze oefening voor het opruimen van obstakels helpt ons in het bijzonder om het principe van voorwaarts blijven gaan, om obstakels heen te stromen, te oefenen. In deze oefening lijkt de instructeur veel op een bokscoach die focus mits vasthoudt. De instructeur zal willekeurig hun methode van blokkeren variëren, waardoor de verdediger de gelegenheid krijgt om de stimulus te voelen die verwijst naar de "contextueel juiste" vervolgreactie, waardoor ze rond de obstructie kunnen stromen en in hun volgende aanval kunnen gaan.

De blokkeermethode van de aanvaller	De "flow"-reactie van de verdediger
Blok "hol" tussen elleboog en pols	Scharnier elleboog, voorschot en backfist of uppercut.
Blok diep in elleboog en midden	Trek terug naar het middelste blok (a la Sanchin) om het centrum van de aanvaller te openen voor een secundaire aanval.

Blokkeren met overmatige neerwaartse druk	Laat de arm uit de onderkant vallen en cirkel omhoog / rond voor een ronde stoot naar de tempel.

De verdediger slaat de aanvaller en wordt geblokkeerd. Afhankelijk van hoe de aanvaller blokkeert, zal de verdediger een van de drie volgende mogelijke opties selecteren om met de obstructie om te gaan.

Optie 1: Wanneer de aanvaller lager dan de elleboog of over de middellijn blokkeert. De verdediger "rolt" naar een backfist of uppercut.

Optie 2: Wanneer de aanvaller de elleboog van de verdediger blokkeert met druk op zoek naar het midden, trekt de verdediger het midden open en slaat toe met de trekkende hand.

Optie 3: Wanneer de aanvaller blokkeert en te ver naar beneden duwt, laat de verdediger de bodem vallen en slaat van buitenaf.

Stap 3 - Platform/laboratorium in vrije vorm (overdracht)

Bijna alle vormen van Chinese krijgstradities omvatten een vorm van tweepersoons experimenten en een "platform" voor het testen van druk dat studenten helpt bij het overbrengen / toepassen van hun begrip in nieuwe situaties.

Deze platformoefeningen worden op veel manieren beschreven:

- Duwende handen (推手)
- Handen plakken (黐手)
- Rollende handen (轆手)
- Opgerolde handen (盤手)
- Handen kruisen (過手)
- Luisterende handen (聽手)
- Handen kneden (搓手)
- Losse handen (散手)
- Brughanden (橋手)
- Bruggenbouw (搭橋)
- Onderhandelen met handen (講手)
- Ledematen optillen (舉技)

Ongeacht de naamgevingsconventie van de traditie voor het trainingsplatform, is het doel meestal vergelijkbaar ... het biedt de student een trainingsomgeving met grenzen of beperkingen voor de veiligheid. Deze omgeving stelt hen in staat om het materiaal dat ze hebben geleerd uit te testen, de grenzen van hun vaardigheden en begrip te verleggen, en hen in staat te stellen hun vaardigheden over te dragen naar situaties en posities die anders niet aanwezig zijn in vooraf bepaalde oefeningen.

De rest van dit hoofdstuk is een systematische progressie van vijf niveaus voor een platform met 'plakkende handen'. Dit platform is bedoeld voor het verder verfijnen en koppelen van de vaardigheden die zijn ontwikkeld in eerdere, geïsoleerde oefeningen. Enkele van de waarden van dit platform zijn:

- De toevoeging van veel nieuwe referentiepunten om de toepassingspraktijk te starten
- Verhoogde willekeurigheid van reacties door aanvaller en verdediger
- De mogelijkheid om extra delen van het lichaam op nieuwe manieren te gebruiken
- De mogelijkheid om de fundamentele bewegingen van een kunst op nieuwe manieren te gebruiken

Samenvatting van de trainingsprogressie

De vijf voortgangsniveaus via het platform begeleiden de student door een reeks vaardigheden door specifieke vaardigheden te identificeren waarop per rol en niveau moet worden gefocust. De rol die in de onderstaande tabel vetgedrukt wordt weergegeven, is degene die werkt aan de 'Ontwikkelde primaire vaardigheden'. Op de meeste niveaus (1-4) moet van rol worden gewisseld, zodat alle leerlingen alle vaardigheden op niveau kunnen oefenen.

Niveau	"Primaaire" vaardigheid(en) ontwikkeld	RolA**	Rol B**
1*	Vasthouden, Matchen, "Luisteren"	Leider	*Volger*
2*	Doelselectie, Positie, Invoer	*Aanvaller*	Volger
3*	Omleiding, neutralisatie, bewustzijn	Aanvaller	*Neutraliserien*
4*	Om obstakels heen stromen, alternatieven	*Aanvaller (Combinaties)*	Neutraliseren
5	Variërende "vormen van controle"	*Aanvaller (alle vormen van controle)*	*Neutraliseren en Counteren*

*Niveaus 1-4 vereisen een formele rolwisseling tijdens het oefenen. Level 5 introduceert een coöperatieve, vloeiende switch in intentie/rol.

** Vet/Cursief geeft aan welke persoon in elk niveau en elke rol de belangrijkste voordelen voor de ontwikkeling van vaardigheden van de oefening krijgt.

Opmerking: deze trainingsmethode isoleert specifiek "kracht" en de bijbehorende snelheid en acceleratie. Er bestaan andere trainingsmethoden die andere vaardigheidscomponenten isoleren, zoals timing of stroom, om de analyse van kracht mogelijk te maken als een oplossing voor toepassingsproblemen.

Tijdens deze training is het van groot belang dat de instructeur de oefening begeleidt door de volgende aanwijzingen te geven en vragen te stellen:

"Wat was dat? Kun je dat nog een keer doen?"

- "Kun je me dat nog een keer laten proberen? Doe alsjeblieft X."
- "Zou je het erg vinden om wat langzamer te rijden?"
- "Ik vind het goed, als je een beetje wilt versnellen"
- "Ik heb het gevoel dat je een beetje te ver weg bent, gewoon aan het spelen bij de polsen ... kun je een beetje dichterbij komen?"
- "Vergeet niet om X te proberen"
- "Vergeet niet dat we X niet mogen doen, dat doen we in level Y."
- "Vergeet niet, winnen is niet belangrijk, er valt meer te leren door in en uit slechte situaties en rare posities te komen"
- "Investeren in verlies."

Niveau 1 – Vasthouden, Matchen, "Luisteren"

De leider beweegt zijn of haar armen langs het volledige bewegingsbereik van de student in een constant langzaam tot matig tempo, terwijl de volger probeert eenvoudig aan de armen van de leider te blijven.

Op dit niveau probeert de leerling te leren hoe hij zijn beweging kan afstemmen op die van de tegenstander, en wil voelen, in plaats van alleen maar te zien, hoe de leider beweegt. De volger moet zichzelf toestaan om op verschillende oppervlakken te plakken, niet alleen op de hand/pols. Het is deels een studie in anatomie voor de volger.

De leider (in het zwart) beweegt door het volledige bewegingsbereik. De volgeling (in het wit) klampt zich vast aan de armen van de leider.

Typische fouten:

Gemaakt door de leider:

- Vooruit springen met agressieve bewegingen
- Afwisselende snelheid of versnellen
- "Te strak" blijven, wat betekent dat het bewegingsbereik wordt beperkt tot de typische bodybox. Gebruik dit als een kans om je open te stellen voor het volledige bewegingsbereik.

- De armen "inrijgen", waardoor de overdracht van de tweede arm van de volger wordt geforceerd om aan slechts één van de armen van de leider te worden bevestigd. Dit ontkoppelt in wezen de volgeling van één arm, waardoor ze gedwongen worden te vinden en opnieuw in te grijpen, in plaats van dat beide armen aan slechts één van de armen van de leider worden geplakt.

Gemaakt door de volger:

- Vooruit springen naar neutralisatiebewegingen die de bewegingen van de leider blokkeren of op een andere manier "verdedigen"
- Alleen de handen en polsen aanspreken. Alle oppervlakken van de arm en schouder moeten, indien nodig, worden vastgezet.

Gemaakt door beide:

- In een stationaire houding blijven
- Te "handgericht" blijven. Gebruik alle oppervlakken van de armen.
- Contact met één hand verliezen (overschakelen naar spelen met één hand)
- Kracht of kracht toevoegen

Niveau 2 - Doelselectie, Positie, Invoer

In niveau 2 ontwikkelt en drukt de "leider" een agressieve intentie uit en wordt hij de "aanvaller". De aanvaller zal aanvallen richten op kwetsbare doelen en/of zo bewegen dat potentiële grijpers, worpen, moersleutels, enz. worden ingesteld (maar niet volledig worden uitgevoerd). Dit niveau is een studie in meerdere potentiële referentiepunten van waaruit kan worden toegepast technieken.

De volger moet de agressieve acties van de aanvaller blijven "negeren" en zich aan de armen van de aanvaller houden. Dit is moeilijk, maar belangrijk om de aanvaller in staat te stellen doelwitselectie te verkennen terwijl hij verbonden is met een tegenstander, aangezien de armen van de volger niet worden geneutraliseerd, maar fungeren om natuurlijke barrières te creëren en de aanvaller te dwingen openingen te creëren en bloot te leggen.

De volger zou echter zijn "ogen" moeten trainen en zich op zijn gevoel moeten concentreren om het exacte moment te begrijpen waarop de leider een mogelijke aanvalslinie heeft geopend door het midden te openen, de armen aan te passen om een dominante positie in te nemen, zich in een juiste richting te bewegen. opvallende bereik, enz.

Het zal ZEER moeilijk zijn voor de volger om op dit punt niet in de rol van "verdediger" te gaan. Het is de bedoeling om niet zo lang op dit niveau te blijven dat de volger slechte gewoonten ontwikkelt (niet reageren als hij wordt bedreigd).

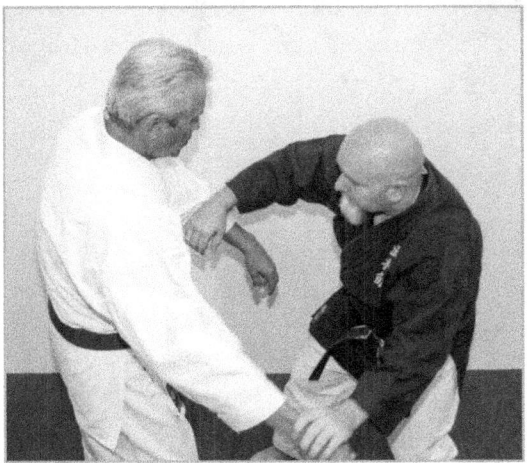

Aanvaller (in het zwart), maakt een pad vrij voor een rechterstoot op de milt. Volger (in het wit) blijft in dit stadium *alleen bij de aanvaller*.

Typische fouten:
Gemaakt door de aanvaller:

- De aanvallen afmaken. De aanvallen moeten worden opgesteld en gepositioneerd en in de buurt van het doelwit, maar mogen niet volledig worden uitgevoerd. De volger moet weten dat de aanvallen succesvol zouden zijn geweest.
- Hun aanvallen beperken tot alleen standaardwapens. Gebruik alle delen van het lichaam om aan te vallen. Wees creatief.
- Hun aanvallen beperken tot standaarddoelen. Val alle delen van het lichaam aan. Wees creatief.
- Snelheid gebruiken om te proberen de plakkerigheid te "verslaan" en los te komen.

Gemaakt door de volger:
- De avances van de aanvaller neutraliseren
- De aanvalsmogelijkheden die op hen gericht zijn niet opmerken

Gemaakt door beide:
- Kracht toevoegen, proberen te "winnen" of de snelheid drastisch veranderen.

Niveau 3 - Omleiding, Neutralisatie, Bewustzijn
Op dit niveau mag de verdediger nu de aanvallen op hem neutraliseren. Met de constante verandering in referentiepunten, wordt de verdediger zich meer bewust van de mogelijke aanvalslijnen.

Aanvaller (in het zwart) probeert een handpalmaanval op het gezicht, en de verdediger (in het wit) leidt om.

Typische fouten:
Gemaakt door de aanvaller:

- Een aanval starten en niet doorzetten. Toewijding creëert nuttige overdrijving voor de oefening en geeft de verdediger de mogelijkheid om zich te concentreren op betere neutralisatiemethoden.

Gemaakt door de verdediger:
- Over-neutraliserend - verdedigen in bewegingen die groter zijn dan iemands "lichaamsdoos".
- Te vroeg neutraliseren – wachten tot de aanval bijna voltooid is, zorgt voor een situatie die meer op een realistische snelheid lijkt, waarbij de OODA-lus (observeren, oriënteren, beslissen, handelen) van de verdediger nodig zou zijn om de situatie eerder te verwerken kunnen neutraliseren.
- Tegenaanval: De wens om in de tegenaanval te gaan moet op dit niveau onderdrukt worden om meer specifiek te focussen op de "minimaal vereiste neutralisatie".

Gemaakt door beide:
- Snelheid verhogen om de oefening te "winnen"
- Te snel van de ene techniek naar de andere gaan

Niveau 4 - Om obstakels heen stromen, alternatieven

Op dit punt begint de aanvaller om te gaan met het feit dat zijn eerste aanvallen waarschijnlijk worden geneutraliseerd. De neutralisatie van de verdediger moet worden gezien als slechts een ongemak, een obstructie die ofwel moet worden verwijderd of rond moet vloeien, dus de aanvaller moet aanvallen, de obstructie aanpakken en een secundaire aanval lanceren vanuit de nieuwe positie.

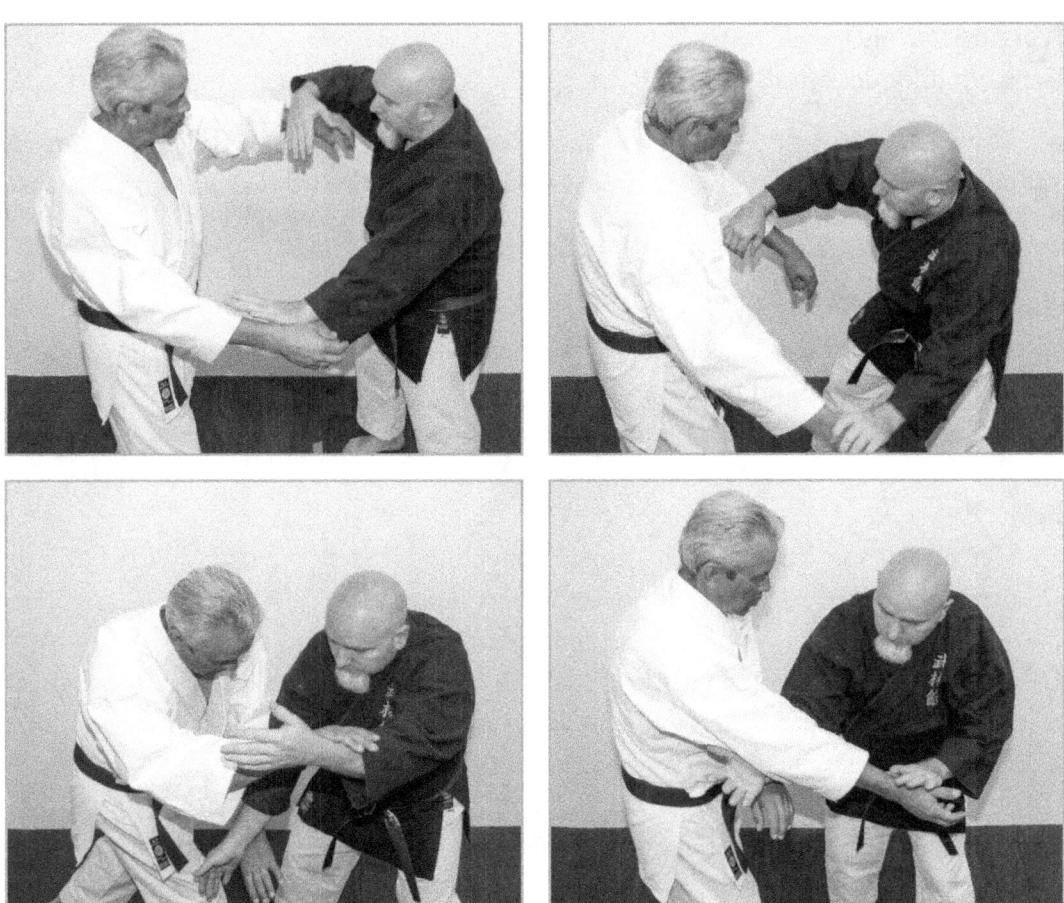

Aanvaller (in het zwart) probeert dezelfde miltstoot. Nu geneutraliseerd door de verdediger (in het wit), schakelt de aanvaller over op een armbreuk.

Typische fouten:
Gemaakt door de aanvaller:

- Te veel gekoppelde aanvallen te vroeg starten. Aanvankelijk een aanval, herpositionering, en een secundaire aanval moet worden gestart, en dan een pauze voordat een ander salvo wordt geïntroduceerd.

Gemaakt door de verdediger:
- Te veel weerstand toepassen op de herpositionering van de aanvaller (bouw een geleidelijke weerstand op)
- Te veel weerstand toepassen op de secundaire aanval van de aanvaller

Beide:
- Het niveau van kracht/kracht moet mondeling worden bepaald VOORDAT de oefening begint, zodat iedereen weet waar ze op trainen.

OPMERKINGEN: Timing zou meer staccato moeten worden. Val aan en neutraliseer dan. Als een van de aanvallers of verdedigers denkt dat de neutralisatie niet effectief was, bespreek, herhaal en bewerk alternatieven.

Dit is een kans om de aanval voort te zetten vanuit een geneutraliseerde positie, rond obstakels stromend.

Niveau 5 - Variërende "vormen van controle"
Niveau 5 opent het trainingsparadigma om niet alleen alle vormen van controle mogelijk te maken, maar ook meer vloeiende definities van 'aanvaller' en 'verdediger'. Stakingen, onbalans, trappen, worpen worden allemaal afgewisseld en de partners bepalen continu wie het "recht van overpad" krijgt om een volledig toegewijde techniek uit te voeren.

Typische fouten:
- "Concurrerend" zijn. In dit platform wordt veel meer geleerd/gewonnen door 'verliezen'. Dit zou een veilig platform moeten zijn voor allerlei soorten experimenten.
- Proberen te "winnen" in plaats van nieuwe benaderingen te proberen en te experimenteren; niet investeren in verlies.

- Door te strak in het eigen lichaam te blijven, kan de beoefenaar niet op de zeer ongebruikelijke plaatsen komen die deze oefening kan ondersteunen. Het bedenken van methoden om te herstellen van "slechte" posities kan een van de beste lessen zijn van deze trainingsmethode.
- Vasthouden aan "standaard" technieken. Het hele lichaam is een hulpmiddel dat van dichtbij kan worden gebruikt. Probeer in deze veilige omgeving "out of the box" te denken. Stoten met de benen. Druk met het hoofd. Trek met de kin.
- Probeer dingen maar een keer. Als het de eerste keer niet lukt, overleg dan met je trainingspartner. Probeer de situatie in te stellen en probeer het opnieuw.
- Niet volledig experimenteren met het volledige scala aan tools of het volledige scala aan doelen.
- Poging om bepaalde scenario's/acties te forceren, in plaats van te wachten op kansen die zich voordoen.
- Snelheid veranderen in 'winnen'. Als beide partijen met bepaalde snelheden en intensiteit werken (hopelijk wederzijds bepaald voordat ze beginnen), kan het plotseling overschakelen naar een hoger niveau van snelheid of kracht in het midden van een techniek een illusie van succes geven waar er geen is. Als ik bijvoorbeeld met een relatief lage snelheid x beweeg en je verdedigt met een snel blok, wat betekent dat het blok echt werkt, zou je in staat moeten zijn om met 2 tot 3x te bewegen wanneer x mijn volledige snelheid is in plaats van tot een bepaalde trainingssnelheid.

Het ergste dat je kunt doen, is dit platform te behandelen als een 'competitie' in plaats van als een 'laboratorium'.

Gebruik deze progressie en dit platform om te experimenteren in een veilige omgeving en om je ontwikkeling van vaardigheden in richtingen te duwen die moeilijk te beschrijven zijn in andere vormen van training.

Nawoord

Ik onderzocht verschillende voorlopers (White Crane, Five Ancestors, White Eyebrow, etc.) voor het licht dat ze op Goju-ryu zouden kunnen werpen. Ik ontdekte dat deze kunsten fascinerende voorkeuren, lesmethoden en trainingsmethoden hebben... waarvan sommige de Okinawan Goju-ryu ondersteunen en andere niet. De keuze voor opname in dit boek komt overeen met mijn begrip van de belangrijkste toepassingsconcepten en voorkeuren van de Goju-ryu-stijl, gebaseerd op mijn ervaringen en de informatie die mijn Goju-ryu-leraren en mentoren met mij hebben gedeeld. Alle fouten in de gepresenteerde benadering of het begrip dat erin wordt weerspiegeld, zijn alleen van mij. Ik neem de volledige verantwoordelijkheid voor de inhoud van dit boek, aangezien het mijn studie, reis en conclusies weerspiegelt, niet die van mijn leraren. Ten slotte weerspiegelt het een deel van het onderwijsmodel dat werd uitgeoefend en onderwezen in mijn Burinkan (krijgsboshal / 武林館) school.

De diepgaande uitleg van tientallen principes die in dit boek worden gepresenteerd, zou voor sommige traditionalisten een godslasterlijke daad zijn. Oude quanpu (bokshandboeken / 拳譜) zoals de Ryukyu Bubishi die dergelijke specifieke informatie bevatten, worden historisch bewaakt in krijgstradities. Een stijlfiguur die al lang in Wuxia-romans en Kung Fu-films wordt gebruikt, is dat de quanpu van een school wordt gestolen, waardoor de rivaliserende school toegang krijgt tot de krijgsgeheimen van de clan van de held.

Ik heb een recente interesse in "principes" opgemerkt in de traditionele Okinawaanse krijgskunstgemeenschap, maar heb weinig verwijzingen gezien naar geschreven uitvoerbare principes. Ik hoop in de eerste plaats dat dit boek een leemte in de krijgsgemeenschap helpt opvullen, waarvan een groot deel lijkt te verlangen naar betekenis en begrip van onze gedeelde, oude tradities. Als dit boek een zinvolle discussie op gang brengt en leraren en beoefenaars helpt hun vaardigheden te vergroten bij het toepassen van deze krijgstradities, zullen mijn inspanningen om dit materiaal te leren, te codificeren en te documenteren worden beloond.

Ik hoop op zijn minst dat de concepten in dit boek zowel de beoefenaar als de leraar kunnen helpen bij het uitvoeren van de nodige foutdetectie of correctie in hun toepassingspraktijken.

Ik koester ook de veel bredere hoop dat het traditionalisten in staat stelt om "het eens worden met de traditie" en ben van mening dat het veranderen van het onderwijsmodel een acceptabele manier is om traditie te eren, terwijl we zowel toestaan als vereisen dat we betere leraren worden, waarbij de waarde wordt behouden en versterkt van de krijgstradities onder onze hoede.

Naar mijn mening concentreren veel te veel leraren en beoefenaars van traditionele vechtkunsten zich sterk op geheugen gebaseerde praktijken, met uitsluiting van andere lesmethoden (gebruikt door andere krijgskunsten en vechtsporten) die sterk "op vaardigheden gericht zijn". Ik geloof dat een krachtige manier waarop traditionele krijgskunst hun respect in de samenleving kunnen herwinnen, is door zich te concentreren op hun oorspronkelijk beoogde nut. Deze nuttige vaardigheden vereisen ondersteunende lesmethoden die niet overdreven gericht zijn op uit het hoofd geleerde oefeningen.

Ik heb ook goede hoop dat deze op principes gebaseerde modelhulp kata (kyung, forms, taolu) herstelt naar hun vroegere plaats in krijgstradities: die van een samengevatte herinnering aan lessen die al door studenten zijn geleerd voordat ze de kata uit het hoofd leren. De lessen van kata in vroegere tijden waren waarschijnlijk de lessen van de "kihon waza" (de "fundamentele" bewegingen van de stijl) toegepast op de aanvullende combinaties en variaties die in de vormen worden gevonden. Er zouden geen aanvullende regels nodig zijn geweest om de vormen te ontcijferen.

Hoewel dit boek zich voornamelijk richt op toepassing gerelateerde principes en zeer weinig feitelijke onderwijs- en trainingsmethoden bespreekt, is het overheersende thema de demonstratie van een fundamenteel Burinkan-leerprincipe: 'onderwijzen met begrip'. Net als toepassingen, worden onderwijs, coaching en training allemaal geleid door principes als ze herhaalbaar en vooruitstrevend willen zijn. Als dit boek belangstelling daarvoor wekt, komt er misschien een boek uit over de beginselen van lesgeven.

Tot slot wil ik u van harte welkom heten vanuit de Burinkan. Als u dit boek nuttig vond voor uw manier van trainen, zou u waarschijnlijk genieten van een bezoek aan de Burinkan om andere gelijkgestemde leraren aan te raken en deze benadering van het trainen en onderwijzen van traditionele krijgskunsten te verkennen.

Russ Smith
Hoofdinstructeur, Burinkan Martial Arts
Burinkan.org

Over de auteur

Russ Smith, geboren in Michigan, toonde als jonge tiener interesse in krijgskunst en begon de basisprincipes van karate te leren met een familievriend. Pas toen Russ eind jaren tachtig een uitgebreid bezoek bracht aan de Filippijnen, begon hij aan zijn formele opleiding in het Japanse Goju-Ryu.

Bij zijn terugkeer naar de VS werd Russ' interesse in de oorsprong van Goju-Ryu gewekt door auteurs als Patrick McCarthy, John Sells en Mark Bishop, wat hem ertoe bracht om instructie te zoeken in de Okinawaanse versie van de stijl.

Op dit moment heeft Russ talloze buitenlandse reizen gemaakt om Goju-Ryu en Matayoshi Kobudo in Okinawa te trainen, en verschillende stijlen van Fujian Gung Fu in Maleisië, Singapore en de Filippijnen. Russ heeft certificeringen op instructeursniveau in Goju-ryu, Matayoshi Kobudo, Five Ancestor Boxing, White Eyebrow en Integrated Eskrima.

De focus van Russ ligt op het behouden, promoten en onderzoeken van de krijgstradities van Okinawa, Zuid-China en de Filippijnen. Russ woont in Centraal Florida en werkt in de IT-industrie. Russ is gelukkig getrouwd met zijn vrouw, Nicole, en heeft een zoon, Dane. Russ is vereerd om vele geweldige vrienden, mentoren en leraren in de krijgskunstwereld te hebben.

6e generatie instructeur - Goju-ryu Karate

4e generatie instructeur - Matayoshi Kobudo

8e generatie Instructeur - Pak Mei (White Eyebrow)

6e generatie instructeur - Ngo Cho Kun (Five Ancestor Boxing)

Interview met Dr. Mark Wiley

V: Veel mensen kennen u vooral als schrijver, redacteur en eigenaar van Tambuli Media. Voor degenen die niet weten over je lange en uitgebreide achtergrond in de krijgskunst, kun je onze lezers vertellen over je achtergrond, zowel in het trainen als in het onderwijzen van krijgskunst?

A: Als kind werd ik in 1979 in elkaar geslagen toen ik van school naar huis liep. Als gevolg daarvan schreef mijn moeder me in voor taekwondolessen. Ik vond het geweldig en was meteen verslaafd. Ik begon elk weekend naar "Kung-Fu Theatre" te kijken en raakte gebiologeerd door klassieke Kung Fu-films zoals "Kid with the Golden Arms" en "Master Killer (The 36th Chamber of Shaolin)", en natuurlijk tv-shows zoals "Kung-Fu " en "The Wild, Wild West." De films en tv-shows in combinatie met abonnementen op tijdschriften als "Kick Illustrated" en "Black Belt" en "Inside Kung-Fu", deden me dromen over een leven in de krijgskunst.

Mijn ouders hadden ook boeken op hun planken over acupunctuur, Chinese zodiac, boeddhisme en de I-Ching. In elke krijgskunstfilm of -show die ik zag en de boeken die ik las, was de krijgskunstmeester ook een genezer, en er was altijd een "verborgen handleiding" die de geheimen van de kunst bevatte. Het leven was me duidelijk: ik moet de krijgskunst onder de knie hebben en boeken schrijven. Ik begon als tiener met cross-training in verschillende kunsten en toen mijn ouders Chinees eten bestelden, was ik in de hemel!

Over de jaren heen begon ik door de VS en door Azië te reizen om direct te studeren onder de meesters van vele kunsten waarover ik had gelezen. In de loop der jaren heb ik mijn focus in de kunsten teruggebracht tot drie tracks. De eerste is de Filipijnse Eskrima, waar ik zielsveel van hou. Ik heb tientallen keren door de VS en de Filippijnen gereisd om 's werelds grootste Filippijnse meesters te lokaliseren, te trainen en te interviewen; het zijn er ongeveer drie dozijn. Degenen die de grootste invloed op mij hadden - zoals in hoe ik later mijn eigen expressie van de kunst vormgaf - zijn Remy Presas, Angel Cabales, Herminio Binas, Florendo Visitavion, Ramiro Estalilla, Benjamin Luna Lema en Antonio Ilustrisimo.

De tweede kunst van diepe studie voor mij is Fukien Five Ancestor Fist (Ngo Cho Kun, Wuzuquan), onder de voogdij van Sigong Alex Co van de Beng Kiam Athletic Club. Er is in het Westen weinig bekend over Fukien Five Ancestor Fist, hoewel het erg populair is in Zuid-China en Zuidoost-Azië. Ik ben de enige westerling die een lijnhouder wordt in deze lijn van de kunst!

Het derde spoor is de studie van zelfontplooiing door middel van verschillende methoden van Qigong (energieontwikkeling), Neigong (interne ontwikkeling), Weigong (externe ontwikkeling) en meditatie. Daarnaast zijn er doctoraatsstudies in alternatieve geneeskunde, traditionele Chinese geneeskunde en lichaamswerktherapieën. Als zodanig heeft deze training me ondergedompeld in de theorie van lichaamsstructuur, balans, beweging en adem en energie ontvangen en uitbreiden. Dit heeft een grote invloed gehad op mijn training met lege handen en heeft ook de mechanica van mijn wapentraining in FMA verbreed.

V: **Kun je ons iets vertellen over de belangrijkste principes in Fukien Five Ancestor Fist, en hoe deze principes van invloed zijn op het onderwijzen en trainen van de kunst?**

A: Fukien Five Ancestor Fist is een diep systeem van krijgsbewegingen gebaseerd op concepten en principes van vijf andere stijlen: Emperor Boxing, Monk Boxing, Crane Boxing, Monkey Boxing en de lichaamsstructuurmethoden van Do Mo.

Er zijn verschillende sets van principes of bewegingsconcepten die de toepassing van de losse Ngo Cho Kun-technieken in de formulieren informeren. Zonder deze principes zal de toepassing ervan niet effectief zijn tegen een zich verzettende (niet-conforme) tegenstander.

1. Ontwikkeling van de lichaamsstructuur. Een van de belangrijkste componenten is het ontwikkelen van een sterke lichaamsstructuur die kracht kan ontvangen en ontplooien (of afgeven). Elke vorm met lege handen binnen Ngo Cho begint met de Qi Kun of 'beginvuist'. Deze korte set bevat een reeks wortelbewegingen die de basis vormen van elke techniek in het systeem. Het bevat ook de methode om het lichaam in stand en houding te houden terwijl het statisch is, draaien, omhoog en omlaag brengen en energie laten zinken in het Dan Tien (elixerveld), dat energie omhoog beweegt langs de ruggengraat, omlaag door de benen in de vloer, naar buiten. door de armen en door de borst.

We gebruiken een reeks "druktesten" om de kracht van de lichaamsstructuur en wortel te trainen en te testen, terwijl we de bewegingsconcepten "Float, Sink, Swallow, Spit" gebruiken tijdens de handbewegingen. Wanneer alles wordt gecombineerd met een techniek, wordt dit Ngo Ki Lat genoemd of de eenheid van 'Five Parts

2. Vier directionele verplaatsingen. Deze omvatten Float, Sink, Swallow en Spit en verwijzen naar methoden om de lichaamsstructuur van je tegenstander te verplaatsen om het evenwicht te vernietigen door zijn ledematen of basis op te tillen (floating); zijn ledematen of lichaam laten zakken (sinking); hem uit balans trekken (swallow); en duwt zijn ledemaat of romp naar achteren (spit). Meestal worden er twee gecombineerd voor een solide techniektoepassing. Men kan bijvoorbeeld slikken en zinken gebruiken bij het toepassen van een rechte armvergrendeling. Dit directionele verplaatsingsconcept moet worden toegepast op alle handtechnieken om een tegenstander effectief tegen te gaan.

3. Enkele en dubbele handtechnieken. De handtechnieken in Ngo Cho worden niet ad hoc aangeleerd, maar gerelateerd aan de vijf categorieën van "enkele korte hand", "enkele lange hand", "dubbele korte hand", "dubbele lange hand" en "gecombineerde korte en lange hand " combinaties. Door op deze manier aan de handen te denken, worden toepassingen geïnformeerd door de positie van de ledematen. Dubbellange handtechnieken kunnen bijvoorbeeld worden toegepast wanneer beide handen tegelijkertijd de tegenstander raken of duwen. Ze kunnen echter ook worden toegepast wanneer een hand het aanvallende ledemaat raakt terwijl de andere hand het lichaam raakt. De gecombineerde korte/lange hand informeert technieken waar er een grijp- en trekkracht is met een slag (bijv. Kao Ta).

4. Bridge Arm theorie. Dit is een theorie die de principes informeert voor het aangaan van de tegenstander. Het verwijst naar methoden om onder andere 'een brug te maken', 'een brug te verplaatsen', 'een brug te breken' en 'een brug te vermijden'. Het principe is om de brug te gebruiken (armcontact) en de andere bovenstaande principes toe te passen om een effectieve techniek toe te passen. Deze theorie vertelt ons wat we moeten doen als de tegenstander toeslat en we aanvallen of wanneer hij onze teller blokkeert en wanneer onze armen gekruist zijn, enz. Het is ook belangrijk om te weten wanneer we Ngo Cho moeten trappen, want "er is geen trap zonder een brug."

Het meest effectieve toepassingsprincipe is natuurlijk om al het bovenstaande in elke techniek te combineren. Wanneer je wordt aangevallen, zou je een handtechniek gebruiken, je structuur behouden om kracht te ontvangen, kracht geven om de structuur van je tegenstander te breken, een brugmethode gebruiken en de tegenstander in een van de vier richtingen verplaatsen.

De solovormen en tweemans sets bevatten de woorden van de stijl, terwijl deze vier principes haar taal in gesprek leren.

V: Kun je ons vertellen hoe je je leerervaring in de Filippijnse vechtsporten hebt geherformuleerd in een sterk op principes gebaseerd model, en waarom je vond dat het nuttig was?

A: Mijn ervaringen met de vele meesters waarmee ik trainde, waren dat sommigen me op bepaalde tijden gemakkelijk konden raken, terwijl anderen dat niet waren; zelfs met dezelfde opstelling en techniek. Sommige meesters waren in staat om specifieke ontwapeningen gemakkelijk op mij uit te voeren, terwijl anderen worstelden met dezelfde ontwapeningstechniek. Hoe kon dit zo zijn als een techniek een "techniek" was en dus door niemand effectief zou moeten worden gemaakt? Het begrijpen van deze puzzel ("Wanneer is een techniek goed en wanneer/waarom faalt het?") zette me op een pad van inzicht en ontdekking in FMA dat uiteindelijk leidde tot de ontwikkeling van Integrated Eskrima.

Integrated Eskrima is geen nieuwe stijl van FMA. Het is een andere manier om de kunst te begrijpen, te zien en te oefenen. Elke techniek is onderverdeeld in verschillende gebieden: modus, bereik, poort, timing, voetenwerk, hoek. Toen ik elk van deze gebieden eenmaal begreep en elk segment van een techniek had gecategoriseerd, werd het gemakkelijk voor mij om te identificeren waarom de technieken soms goed werkten en andere keren niet. Het geïntegreerde Eskrima-curriculum is gestructureerd rond het ontwikkelen van het begrip en de vaardigheden die voortkomen uit deze gecompartimenteerde benadering in combinatie met de concepten "Lek" en "Flow" en "Gap Filling" en andere.

De basistraining omvat praten tijdens het doen. Als we bijvoorbeeld een voetenwerk oefenen, zeggen we: "Dit brengt me van middellange afstand naar lange afstand en weer terug, terwijl ik ook mijn poort van binnen naar buiten verander." Op deze manier leren studenten de principes voor het toepassen van het voetenwerk (en slagen en verdedigingen) tijdens het oefenen ervan.

Bronnen / Referenties

Chen, Huoyu. *Nan Shao Lin Wu Zu Quan*. Taibei Shi: Da Zhan Chu Ban She You Xian Gong Si, 2012. Print.

Cheng, Thomas. *Pak Mei Kung-fu Developed by Master Thomas Cheng*. Tin Wo Press & Publishing Co., Ltd., 2009

Choi, Sam. *Master Sam Choi Pak Mei Kung-fu & Chinese Culture*. Tin Wo Press & Publishing Co., Ltd., 2011

Co, Alexander L. *The Way of Ngo Cho Kun Kung Fu*. Jafaha Publications, 1983

Co, Alexander L. *Five Ancestor Fist Kung-fu: The Way of Ngo Cho Kun*. Rutland, VT: Charles E. Tuttle, 1997. Print.

Gang, Li. *He Quan Shu Zhen*. Tai Bei: Yi Wen Wu Zhu Wen Hua You Xian Gong Si, 2011. Print.

Han, Jin Yuan. *Fundamentals of Nan Shaolin Wuzuquan*, Vols 1-8, First Edition. Print.

Hiroshi, Takamiyagi. *Gosoku Kenpo*. 2013. Print.

Kinjō Akio. *Karateden Shinroku: Genryūgata to Denrai No Nazo O Toku*. Tōkyō Chanpu, 2005. Print.

Kinjō Akio. *Karateden Shinroku: Genryūgata to Denrai No Nazo O Toku 2*. Tōkyō Chanpu, 2005. Print.

Kōchi, Yūji. *Shōrin Zenji Den SeitōHakkakuken*. Tōkyō Fukushūdō, 2004. Print.

Li, Zailuan. *Fu Jian He Quan Mi Yao*. Xin Bei Shi: Wu Zhou, 2011. Print.

Liang, Weiming. *Zhongguo Wu Gong Tu Dian = Iconographic Dictionary of Chinese Traditional Kung-fu*. Xianggang: Tian He Chuan Bo Chu Ban You Xian Gong Si, 2010. Print.

Liu, Yin Shan. *(Chinese) White Crane Gate. Feeding Crane Boxing.* 1973. Print.

Liu, Yin Shan. *(Chinese) Feeding Crane Secrets.* Print.

Liu, Gu, and Yu-zhang Su. *Bai He Men Shi He Quan.* Tai Bei Xian Zhong He Shi: Wu Zhou, 2005. Print.

McCarthy, Patrick. *The Bible of Karate. Bubishi.* Tokyo: Charles E. Tuttle, 1997. Print.

Nisan, David S. *The General Tian Wubeizhi: the Bubishi in Chinese Martial Arts History.* Lionbooks Martial Arts Co, 2016. Print.

Pan, Changan. *White Crane Sacred Hand.* 2008. Print.

Pang, Williy. *Pak Mei Kung Fu: Martial Concepts & Training Methods.* New York: TNP Multimedia, 2011. Print.

Su, Yinghan. *Yong Chun White Crane Boxing Overview.* Xiamen University Press, 2016. Print.

Wang, Yi Ying. *Minghe Quanpu (Shouting Crane Boxing Manual).* Print.

Watts, Martin. *Yong Chun White Crane Kung Fu.* Lulu Press. 2017. Print.

Wiggins, Grant P., and Jay McTighe. *Understanding by Design.* Alexandria, VA: Association for Supervision and Curriculum Development, 2008. Print.

Wiley, Mark V. *Mastering Eskrima Disarms.* Spring House, PA: Tambuli Media, 2013. Print.

Wong, Yiu Kai. *Bai Mei Martial Arts Series No. 1: Zhi Bu Biao Zhi.* Twin Age Ltd., 2012

Wong, Yiu Kai. *Bai Mei Martial Arts Series No. 2: Jiu Bu Tiu.* Twin Age Ltd., 2012

Wu, Feng. *South Family Crane Boxing Applications and Drills.* 2015. *Print.*

Xin, Chaoshe. *Fu Jian Shao Lin Quan.* Tai Bei Shi: Xin Chao She Chu Ban, 1994. Print.

Xu, Jindong, and Ye, Qinghai. *Wuzuquan Illustrated* 五祖拳圖說. Print.

Yang, Jwing-Ming, and Shou-Yu Liang. *The Essence of Shaolin White Crane - Martial Power and Qigong.* Jamaica Plain (Mass.): YMAA Publication Center, 1996. Print.

You, Fengbiao. *Zhong Hua Rou Shu Da Quan.* Tai Bei Shi: Yi Wen Wu Shu Wen Hua Chu Ban, 2008. Print.

Yu, Chiok Sam. *Chinese Gentle Art Complete: The Bible of Ngo Cho Kun.* Tambuli Media, 2014

Zheng, Weiru, and Jieping He. *Zheng Weiru Bai Mei Gong Fu.* Xianggang: Tian He Chuan Bo Chu Ban You Xian Gong Si, 2009. Print.

Zhou, Kunmin. *Quanzhou Tai Zu Quan.* Xianggang: Tian Di Tu Shu You Xian Gong Si, 2007. Print.

Zhou, Kun Min. *Quanzhou Taizuquan: The Art of Fujian Emperor Fist Kung-Fu.* Tambuli Media, 2017. Print.

Zhou, Mengyuan. *Wu Zu Quan Zhi Sheng Qi Zhao.* Beijing: Beijing Ti Yu Da Xue Chu Ban She, 1996. Print.

Zhou, Mingyuan, and Zhiqiang Zhou. *Nan Shao Lin Wu Zu Quan.* Fuzhou: Fujian Ren Min Chu Ban She, 1998. Print.

Links en errata

Zie Burinkan.org voor links naar voorbeelden en errata, evenals wandplaten die geschikt zijn voor weergave in uw school.

Bijlage A
Voorbeelden van trefwoorden

Naast principes zijn trefwoorden heel gebruikelijk in krijgskunst, met name de Chinese krijgskunst. Hieronder vindt u een verzameling trefwoorden 'sets' die in veel van de krijgskunsten worden gevonden. Elke set is het overwegen en verkennen waard.

Opwarmen Oefening Studie/Experiment Kalmeer	Beoefenaars Coaches Leraren Innovators/Ontwikkelaars/ Adapters	Relax (Zacht) Explode (Hard)
Punch Trap Werpen/Sweep/Onbalans Lock/Break/Wurgen	Leren Meester Transcenderen (Shu-Ha-Ri)	Hoog Midden Laag
Train Les geven Leren Oefening	Principes - Fa Attributen - Gong Technieken - Xing	Hoog (Midden) Laag
Observeren Oriënteren Beslissen Handeling	Basis Tussenliggend Geavanceerd	Handen Omhoog Handen Omlaag
Beschermen Promoten Onderzoek	Kihon Kata Kumite	Float Sink
Verdediging Aanval	Solo Partner	Swallow Spit
Enkelvoud/Isolatie Combinatie	Binnen Buiten	Te ontvangen Versturen
Stationair In beweging	Circulaire Recht	Realisme Veiligheid

www.ingramcontent.com/pod-product-compliance
Lightning Source LLC
Chambersburg PA
CBHW081329230426
43667CB00018B/2875